you and your
educational psychology

あなたと創る教育心理学

● 新しい教育課題にどう応えるか

羽野ゆつ子・倉盛美穂子・梶井芳明 編

ナカニシヤ出版

はじめに

　本書は，教職課程の教育心理学（発達と学習の心理学）のテキストである。今，本書を手にとり，ページをめくってくださった方は，大学で教職課程を履修中の学生の方が多いのではないだろうか。教職課程の授業は，学校教育や教職に関心をもつ者たちが，学部や専攻を越えて集うことが多い。だからこそ面白い。専門分野が異なる者たちの間で，様々な意見や見方を交流できるからだ。授業担当者にとっても大いに学ぶ場になる。教育心理学の授業が，本書を媒介に，多様な専門性をもつ者たちの間で意見を交わし，生徒として受けてきた教育経験やインターンシップなどの実践経験をふり返りながら，教育心理学の知見や今日の教育の動向を吟味し，実践や研究を創るきっかけとなる場でありたい。そんな願いを込めて，本書を作成した。

　社会のグローバル化が進み，共生社会の実現が目指されるなか，学校教育は，学習者主体の学びやインクルーシブ教育の実現へと動きだしている。連動して，教師も「教える専門家」から「学びの専門家」へと転換が目指されている。「学びの専門家」というとき，子どもの学びを導き促進するファシリテーターであると同時に，教師自らも学ぶ存在であるという二重の意味が含まれている。教育課題はいつの時代もかたちを変えて現れる。だが，学校教育において，その当事者である教師の役割が最も重要だということは変わらない。専門職としての教師の生涯学習の重要性も，1966年のユネスコ・ILO（International Labour Organization, 国際労働機関）の「教員の地位に関する勧告」を出すまでもなく変わらない。なぜなら，同じ題材でも子どもが変われば授業の雰囲気や展開も変わるように，教育という営みは本来，一回性という特質をもち，それゆえ，学校教育でいえば，題材理解，子ども一人ひとりの生育史や学習状況，子どもたちが暮らす地域や学校の歩んできた歴史，その教育をとりまく社会状況などをふまえた，教師の選択・判断によって実践は創られていくからである。

　では，今日の教育課題に教師としてどう応えるか。本書は，過去から現在へ

と心理学の知見を体系的に紹介するのではなく，今（現在の新しい教育課題）を起点に，過去（教育心理学の知見）に学び，未来を構想する手がかりを示すという方針で編集され，執筆が進められた。各章・各コラムの執筆者各々が，教育を担う当事者の一人として，教育課題に応える方法を示すことを目指したのである。その顕れとして，どの章，どのコラムも，執筆者の個性的な構想のスタイルがみられる。また，各執筆者が，クロス・ディシプリナリー（学際的）な視点から，教育心理学を省察することも目指した。複合的な教育実践の理解には，教育心理学など特定の学問分野の視点だけでなく，教育学，社会学，教科教育，教師教育などの領域横断的な視点をもって俯瞰する思考も必要だからである。本書全体としては，教育心理学者だけでなく，教育哲学，教育社会学，教科教育学，教師，カウンセラー，臨床美術家など，幅広い領域の立場からの知見に触れることができる。領域を横断する海路を切り拓くことは，教育活動に対する見方や制度を批判的に問い直し，新たな教育の場を構想するきっかけや，卒業研究の参考にもなるだろう。本書をとおして，ぜひ，様々な問いの立て方，省察の方法に触れてほしい。そして，あなたなら，今日の教育課題にどう応えるかを考えてみてほしい。

　また，本書は，改正教育職員免許法（改正教免法）と2020年から実施される新学習指導要領を意識しつつ編集されている。改正教免法の教員免許状取得の要件となる履修科目の規定（2019年度から開始予定の新教職課程）では，従来の発達と学習の心理学が「幼児，児童及び生徒の心身の発達及び学習の過程」と「特別の支援を必要とする幼児，児童及び生徒に対する理解」の2つに変更される予定である（2016年10月26日，日本教育大学協会学長・学部長等連絡協議会資料『「教育職員免許法改正」，「再課程認定」，「教職課程コアカリキュラム」の検討状況について』より）。本書は，前者の科目を学習する上で必要なテーマをカバーするようにし，後者の科目の学習に必要な基本事項を含めた。また，新学習指導要領の改訂点である，主体的・対話的で深い学びや，教育評価，道徳教育，インクルーシブ教育についても取り上げた。さらに，学習と発達を考える上で盲点となりがちだが重要な，身体や遊び，ケアリングについても積極的に取り上げた。

　本書の構成を紹介しておこう。第1部は発達心理学，第2部は学習心理学，

第3部は現代の学校教育心理学である。各部ごとに連続性を意識した章構成になっており，特に第5章と6章は連続した内容の章になっているが，どの章から読み進めていただいてかまわない。各部を越えて，相互に関係し合っている章も多いので，照らし合わせながら読んでもらいたい。

　本書の作成にあたり，編者3人は，今を起点に，過去に学び，未来を構想することのできる教育心理学の授業を考えるために，教育哲学が専門の尾崎博美氏とともに，学会シンポジウムを複数回行い，子どもと教師の発達と学習について議論を重ねてきた。シンポジウムに指定討論者として参加いただいた森敏昭先生，楠見孝先生，鹿毛雅治先生，シンポジウムに参加くださったフロアのみなさまとのディスカッションは，教師教育の視点から教育心理学を省察することにつながったと感じている。みなさまに，ここに記して心から感謝申し上げるとともに，本書を媒介に教育心理学の授業やゼミといった場で出会うみなさんの率直な声を聞き，教育心理学の研究と実践を創ることにつなげていきたいと考えている。

　最後になったが，ナカニシヤ出版の宍倉由高氏，山本あかね氏，面高悠氏には，本書の企画から出版まであらゆる段階で，私たちを新たな挑戦へと導き，励まし，静かに待ち，支えてくださった。心より感謝申し上げたい。

2016年12月

編者一同

目　次

はじめに　i

第 1 部　子どもの育ちの多様性—発達の心理学

第 1 章　人と関わる心の育ち—他者理解の発達 ── 3
　1．人と関わる心の教育　3
　2．人と関わる心の芽生え　8
　3．心を理解する心の育ち　12

第 2 章　身のまわりの事象を理解する心の育ち
　　　　　—能動的で協同的な学習の心理的基盤── 17
　1．身のまわりの事象を理解していく過程　17
　2．身のまわりの事象を理解していく方法　23
　3．深い学習の心理基盤としての思考　26

第 3 章　身体と認知—学習に対して身体はいかなる役割を果たすか── 29
　1．学習における身体再考　29
　2．数理解と身体　30
　3．学習におけるメディアとしての身体　33
　4．学習における身体の役割とその可能性　38

第 4 章　多様性の時代のアイデンティティとは？
　　　　　—自己の発達と心理的適応────────── 43
　1．現代社会における心理的適応　43
　2．自己の発達　44
　3．多様性の時代のアイデンティティとは？　52

第2部　学校教育における学びのあり方―学習の心理学

第5章　学習のメカニズム（1）
　　　　―どのように教えるかという視点から―――――――――59
　　1．学習のメカニズムについて　59
　　2．行動主義的学習観　60
　　3．認知主義的学習観　65

第6章　学習のメカニズム（2）
　　　　―どのように学ぶのかという視点から――――――――72
　　1．構成主義的学習観　72
　　2．社会構成主義的学習観　74
　　3．状況論的学習観　76
　　4．21世紀の学習観の方向性―学習理論の変遷　80

第7章　参加による学習
　　　　―多様な顕れをする「知」の教育を目指して―――――85
　　1．現代の「教育」を問う議論の問題点　85
　　2．「参加による学習」と「知」の理論　88
　　3．「参加による学習」における「知」―「行為としての知」　93

第8章　誰のための学習指導・評価か？――――――――――98
　　1．教育評価の目的からみた学習評価の位置づけ　98
　　2．学習評価の時期とキジュン　99
　　3．学習過程を評価する方法　101
　　4．学習者の実態に即した学習指導・評価　107

第9章　主体的な学びにつながる学習意欲とは？――――――111
　　1．学習意欲が教育課題になる背景　111
　　2．内発的動機づけを促す3つの欲求　114
　　3．有能感に関わる動機づけ　115

4．「がんばればできる」を問い直す　116
　　　5．学習意欲を回復するために　120
　　　6．子どもが主体的に学ぶとき―内発的動機づけを越えて　122

第3部　グローバル社会・共生社会の教育課題―学校教育の心理学

第10章　学びの基盤を作る遊び経験────────129
　　　1．保育における小学校教育の先取り　129
　　　2．幼児期の経験がその後の学習活動にいかに影響するか　130
　　　3．子どもは遊びをとおして何を経験し，何を学ぶのか　133
　　　4．遊びが育む学びの基盤　140

第11章　コンピテンシー・ベースの教育に向けて
　　　　　―メタ認知と自己調整学習から考える────────144
　　　1．コンピテンシーを育てるという課題　144
　　　2．メタ認知能力　146
　　　3．自己調整学習　149

第12章　インクルーシブ教育への現状と課題
　　　　　―発達障害の子どもとどう向き合うかを中心に────────157
　　　1．インクルーシブ教育と特別支援教育　157
　　　2．障害の理解　158
　　　3．「特別な教育的ニーズ」のある子どもへの支援　164
　　　4．インクルーシブ教育に向けて　166

第13章　ケアリングと共感
　　　　　―自己と世界をつなげる学習とは？────────171
　　　1．自己と世界を分離する学習―象牙の塔の住人問題　171
　　　2．ケアリング論の人間像―関係性にもとづく個人と発達　173
　　　3．ケアリング論が提案する「学習」　178

索　引　185

コラム

1 ガードナーの多重知能（MI: Multiple Intelligences）理論　16
2 幼少期の不適切な養育の影響はいかにして乗り越えられるか　42
3 ニューカマーの子どもの学力について考える　56
4 話すことと聞くこと　71
5 21世紀型スキルを育むための観点―子どもの数理認識　84
6 プロジェクト型教育実践の意義と課題　97
7 学力調査の活用について考える　110
8 もう1つの自尊感情　126
9 学びと遊び　143
10 リフレクション　156
11 センス・コミュニケーション絵画療法[R]　169
12 ホリスティック・アプローチ　183

第1部
子どもの育ちの多様性
発達の心理学

　第1部は，発達の心理学である。発達は，受精から死に至るまでの時間系列にそった心・知・身の系統的（システマティック）な変化あるいは不変性の過程である。受精から死に至るまでの時間系列と書いたように，発達心理学は人の一生を視野にいれ，胎児期，新生児期（生後1か月），乳児期（生後2か月～1歳半），幼児期（1歳半～就学前），児童期（6歳～12歳），青年期（中学生～20歳代後半），成人期（20歳代後半～60歳代），老年期（60歳代以降）と区分をしている。

　人間の発達は，ある範囲において遺伝的にプログラムされたものである。たとえば，歩行はプログラムされているが，飛行はプログラムされていない。しかし，発達には遺伝だけでなく環境の影響も大きく作用する。遺伝的にプログラムされた人間の素質も，悪い環境では発達が妨害されたり，遅れたりしてうまく展開しない。逆に良い環境では，正常に発達するし，発達を促進する。発達を知ることは，教育を考える上で重要である。人間にとって，教育は，発達に影響する重要な環境の一部だからだ。

　心・知・身の発達は，どのような過程で，どのようなしくみで起こるのか。第1章では，人と関わる心の発達を紹介する。それをもとに，道徳性の発達と教育を考えてみたい。第2章では，私たちが周りの環境を理解していく過程と方法（認知発達）から，学習の心理的な基盤を考えてみよう。第3章では，認知発達における身体の役割を見つめ直すことで，新しい教育課題に出会おう。第4章では，自己理解の発達を適応という視点から捉え，多様性の時代に，自己を育む上で変化しつつあることと変わらず大切なことを学んでいこう。

第1章　人と関わる心の育ち
他者理解の発達

1．人と関わる心の教育

　人間の多面的な能力のあり方を探った**多重知能理論**（Multiple Intelligences, コラム1参照）は，内省的知能や対人的知能にみるように，自己理解や他者理解も知能の範囲に含めている。この2つの知能は，心を理解する知能である点で共通している。

　心の問題は，時代とともに形を変えながら，どの国，どの文化にも存在してきた。近年も，虐待やいじめ，ハラスメント，差別など，心をめぐる問題は，家庭，学校，地域，職場と，場所を問わず指摘され，学校教育の課題にもなっている。なかでも**道徳教育**は，大きな転換期にある。2006（平成18）年12月に教育基本法が改正され，第二条の「教育の目標」で，5つの具体的な目標の第一に「道徳心を培う」ことが明記された。この改正をふまえて，道徳教育の充実を図るべく，2015（平成27）年3月に改訂された学習指導要領には「特別の教科　道徳」が位置づけられ，その内容も，対象の広がりに即して，「A. 主として自分自身に関すること」「B. 主として人との関わりに関すること」「C. 主として集団や社会との関わりに関すること」「D. 主として生命や自然，崇高なものとの関わりに関すること」の4つの視点が示された。この内容から，広い意味での他者との関わりが重視されていることがみてとれる。

　では，人は心をどのように理解するのか。本章では，他者を理解する心の発達から，社会性や道徳の教育について考えてみよう。

（1）社会性と道徳性

　社会性と狭義の**道徳性**を定義しておこう。社会性は，社会のルール，ふるま

い方，価値観といった，私たちが従うべき義務を身につけながら，対人関係や社会的状況に主体的に対処していく能力である。ここでは，義務は私たちが「しなければならないこと」と考えておこう。それは，憲法や法律に従うことはもちろん，「思いやりをもつこと」「嘘をつかないこと」「お年寄りに親切にすること」なども含まれる。私たちが従うべき義務を身につけ行動していくことが社会性であり，幼稚園や学校といった社会へ参入するなかで体得していく。

　では，義務に適った行為をしていれば，道徳的であるといえるのだろうか。納税の義務を果たすなど，法律を守ることや，公共のマナーを尊重することは，嫌々そうしたとしても，実際に遵守すれば義務を果たしたといえる。他方で，義務に従うときの動機が問われるものもある。たとえば「友だちと仲良くする」という行為を考えてみよう。先生に褒められたいからという理由で仲良くしている場合，行為としては義務に適っていて社会性を身につけているようにはみえるが，道徳的とは評価されない。道徳性の評価には義務に従う動機が問われるのだ。また，先生に褒められたいから仲良くする場合，先生がいないところでも友だちと仲良くできるだろうか。仲良くできない場合，「対人関係や社会的状況に主体的に対処していく能力」としての社会性を備えているとはいえないかもしれない。このように道徳性を育てることは，社会性を育てることにも通じる。道徳性は，どのように発達すると考えられてきたのだろうか。

（2）コールバーグのモラルジレンマ授業

　コールバーグ（L. Kohlberg）は，次のような2つの道徳的価値の間で生じる葛藤（モラルジレンマ）を例として挙げ，子どもにどちらを選択するかを判断させた（コールバーグ＆ヒギンズ　岩佐訳，1987）。

　みなさんも次の事例に臨んでみてほしい。

　　ヨーロッパで，一人の女性が非常に重い病気，それも特殊なガンにかかり，今にも死にそうでした。彼女の命が助かるかもしれないと医者が考えている薬が一つだけありました。それは，同じ町の薬屋が最近発見したある種の放射性物質でした。その薬は作るのに大変なお金がかかりました。しかし薬屋は製造に要した費用の十倍の値段をつけていました。彼は単価二百ドルの薬を二千ドルで売っていたのです。病人の夫のハインツは，お金を借りるためにあらゆる知人を訪ねて回りましたが，全部で半額の千ドルしか集めることができませんでした。ハインツは薬屋に，自分の妻が死にそうだとわけを話し，値段を安くしてくれるか，

> それとも支払い延期を認めてほしいと頼みました。しかし薬屋は、「だめだね。この薬は私が発見したんだ。私はこれで金儲けをするんだ」と言うのでした。そのためハインツは絶望し、妻のために薬を盗もうとその薬屋に押し入りました。ハインツが薬を盗むことに賛成か、反対か。

すると、どんな国や地域の子どもたちも、ほぼ表1-1のような発達段階をみせた。

コールバーグは、道徳性の発達を促す、モラルジレンマの授業も開発した。授業では、「ハインツは薬を盗むべきか、否か」について、教師を交えたクラス全体で話し合う。このとき、「法律の遵守」と「生命の尊重」という2つの義務の間でジレンマが生じるのだが、授業では、2つの義務の間でどちらを選ぶかではなく、その判断をする理由づけ（動機）を問題にする。その話し合いをとおして、子どもの道徳性の発達段階を1段階上げることが授業の目的となる。

では、この授業は、道徳性の教育になっているといえるだろうか。

道徳性の教育は、**自由の相互承認**の感度を高めることだと考えてみよう（苫野、2014）。道徳性が問われる行為の担い手は、自由な存在でなければならない。そして、自分が自由であるということは同時に、相手も自由な存在だと認めることである。お互いの自由を尊重して、すなわち相手を自分の自由の手段とせず、お互いの欲求や葛藤を理解し合い、調整し合うことが道徳性だと考えるのが自由の相互承認である。

道徳性が問われる行為の担い手は、自由な存在でなければならないと先に書いた。自由とは、好きなことはなんでもやってよいということではなく、ある行為をするときに別様にも行為する可能性が開かれており、自分で自分のなすことを決めることができるということである。この事例では、ハインツは、「法律を守って薬を盗まない」と「薬を盗んででも妻の命を救う」という行為の選択可能性がある点で自由な存在であり、ハインツの道徳性を問うことができる。

次に、コールバーグの理論は、子どもの道徳性の発達を道徳判断の視点の変化だとみている。私やあなたという視点（前慣習的水準）から、それを超えて、社会（慣習的水準）や普遍的な視点（脱慣習的水準）を取得することが目指されている。これは、学習指導要領で道徳の内容として示された4つの視点（自

表1-1 コールバーグの道徳性発達理論

(コールバーグ＆ヒギンズ 岩佐訳, 1987と倉盛, 2007を参考に作成)

レベル		判断の基礎	回答の具体例	
			基本判断	理由
脱慣習的水準 現実の社会や規範を超えて，普遍性をもつ原則をめざしつつ，自己の良心を重んじる	6：普遍的倫理志向	正しさは，論理的包括性，普遍性，一貫性に訴えて自ら選択した倫理的原理に一致する良心の決定によって規定される。これらの原理は，法で定められているかどうかは問題ではない。人間の権利の相互性と平等性，一人ひとりの人間の尊厳性の尊重など，正義の普遍的諸原理である。	賛成	「生命の尊重の原理に従ったのだから，盗むことは正しい」
	5：社会契約・個人の権利 (社会契約的尊法主義志向)	功利主義的なところがある。法は通常守るべきものだが，法もまた人間のためにあるのであって，法が不都合な場合には合議を経て修正できるという考え方。正しい行為は，一般的な個人の権利や社会全体により批判的に吟味され，合意された基準によって規定される傾向がある。	賛成	「盗みは悪いことだが，生命を守るために正当化される」
慣習的水準 周囲の期待や，社会的によいとされているルールを重視する	4：「法と秩序」志向	権威（親，教師），定められた規則，社会秩序の維持への志向がみられる。自分の義務を果たし，権威を尊重し，既存の社会秩序を，秩序そのもののために維持する行動が正しいことである。	賛成	「彼は奥さんを助ける責任があるので仕方ないが，後で自首しなければならない」
			反対	「盗み自体犯罪であり悪いこと」
	3：対人関係の調和あるいは「良い子」志向	人を喜ばせ，人を助け，また人から承認される行動が善い行動である。他者から非難されないためにルールに従う。ステレオタイプの「良い子」であることによって承認を勝ち得る。	賛成	「奥さんの愛のための盗みだから良い」
			反対	「盗んだ薬で奥さんは喜ばない」
前慣習的水準 自己の行動の結果や，快・不快の程度を重んじる	2：個人主義的道徳性 (道具的志向)	正しい行為とは，自分自身の必要と，ときに他者の必要を満たすことに役立つ行為である。	賛成	「奥さんを助ける手段だから盗みは仕方がない」
			反対	「薬屋が値引きしなかったのは商売として当然のこと」
	1：他律的道徳性 (罰と服従への志向)	行為の結果が，人間にどのような意味や価値をもとうとも，行為がもたらす物理的結果によって，行為の善悪が決まる。罰を避けることや，権威のある者に従うことが正しいことである。	賛成	「奥さんを助けなければ奥さんの親に叱られるから」
			反対	「盗みをすれば罰せられるから，ハインツが悪い」

分自身，人，集団や社会，生命に関すること）を含んでいる。また，社会への参入者として，一定の価値や規範，ないし規律を体得すること，その義務に適った行為を選択することといった社会性を備えた判断（慣習的水準）も，発達段階に含まれている。

しかし，コールバーグの理論では，自分自身（ハインツ）の感情や身近な他者（妻）を重視する判断は発達段階の低い水準に置かれ，自分以外の他者や社会を重視する判断，さらには普遍的他者を重視する判断が推奨される。何を，より道徳的とするかという判断が恣意的であるという側面は否めない。ただ，コールバーグは，子どもたちを対象とする実証研究を経て，この順序で発達することを見出したのである（第13章第2節も参照）。

では，この事例で，生命尊重のために盗むという判断が最も道徳的だというのはどのような意味なのだろうか。脱慣習的水準のレベル6の「普遍的倫理志向」について，コールバーグは，「第六段階の道徳的行為主体の目的は，ある人の善の増進が他の人の権利尊重を損なわず，また個人の権利尊重がすべての人の最善なるものを促進し損なうことのないような方法で，道徳問題を解決しようとすることです」（コールバーグ＆ヒギンズ　岩佐訳，1987, p.41）と述べ，そのために対話が重要だとも述べている。まさに，自由の相互承認である。実際，この課題に取り組んだ学生は，言葉で「生命を優先させ，薬を盗むことが正しい」と判断できたとしても，実際に行為を選択する状況では，妻や家族，あるいは万人のことを考え迷い，他に方法がないかと悩むという。この事態に自分を関与させ，互いの自由を尊重しながら，交渉し調整し合う術を考えるのだ。コールバーグは，このような対話をとおして，子どもの道徳判断の視点を拡げようとしたのである。

対話をとおした実践事例として，長野県の小学校教諭である花岡ひさ江と子どもたちによる，盲導犬となる子犬を育てる総合学習の中で生まれた道徳の学習を紹介しよう（花岡，2004；羽野，2016）。小学1年の3月，子どもたちは「盲導犬の里親ボランティアをやってみたい」と願うようになり，アイメイト協会へアプローチしていた。しかし，なかなか許可がもらえない。2年生になって，子どもたちは，大沢さんと生活する盲導犬クララと出会う。子どもたちは，「盲導犬はすごい犬だ」と感じ，「自分たちに里親ボランティアができる

か」不安を感じはじめ，話し合う。話し合いの当初，「ずっと勉強してきたから，あきらめたくない」など，自分たちの目的の実現を優先する意見が多かった（前慣習的水準）。しかし，盲導犬クララとの出会いを思い出しながら，子どもたちは，「子犬を預かって盲導犬になれなかったら，盲導犬が欲しい人がいっぱいいるのに悪い」と，盲導犬を必要とする人の視点に立ち（慣習的水準），「もし，違う人が飼っていたら，なれる犬（盲導犬になれる犬：筆者補足）になるかもしれない（のに，自分たちが飼ってもいいのか；筆者補足）」と，子犬の将来を奪うことになるかもしれないことをすることが赦されるのか，という生命的次元での問いに開かれる（脱慣習的水準）。子どもたちは，この話し合いの後，再び里親ボランティアについて考える。そのときの議論は，当初の「里親ボランティアができるか」ではなく，「里親ボランティアをしたい」という気持ちを確かめるものへと変容していた。そして，再度アイメイト協会に手紙を書き，サティルンという名の盲導犬の候補犬を預けてもらえることになる。

　道徳性は，「生命を尊重しましょう」と，義務として要請するだけで育まれるものではない。生活のなかで，子どもたちが，出来事に関わる他者のことを互いに認め合いながら調整し合い，交渉する術を自分たちで育んでいくことが大切であり，そのなかで道徳性も育んでいくことができるはずだ。

　なぜ，そういえるのか。他者理解の心の発達研究から考えてみよう。

2．人と関わる心の芽生え

（1）新生児のコミュニケーション能力

　新生児微笑　　生まれたばかりの赤ちゃんは，時折，微笑んでいるかのような表情を見せる。これは新生児微笑と呼ばれる。この微笑の表情自体は学習されたものではなく，生理現象である。けれども，親（養育者）をはじめ周囲の大人は，この表情を微笑と捉え，赤ちゃんに愛情を寄せていく。

　赤ちゃんは顔が好き　　赤ちゃんは，人とそれ以外の物とを区別する能力を生後間もない時期から発揮する。ジョンソンら（Johnson et al., 1991）は，図1-1に示した4つの刺激を新生児に見せ，どの刺激をどのくらいの時間注視するかを調べた。1つ目は人の顔をリアルに描いた顔図形，2つ目は目，鼻，

図1-1 ジョンソンらの実験で用いられた4つの刺激（Johnson et al., 1991）
左の2つは「顔らしい」刺激，右の2つは「顔らしくない」刺激。

口をぼかしたイメージとして，それぞれの位置に3つの点を配置した図形，3つ目は，それを倒立させた図形，4つ目は目・鼻・口をでたらめに配置した図形だった。生まれて数日しか経っていない新生児は，実際の顔の図形（1つ目）と目，鼻，口の位置に3点を描いた顔らしい図形（2つ目）を，他の2つの図形より長い時間見た。赤ちゃんは，人の顔あるいは顔らしい刺激を選び取り，注意を向ける能力があるのだ。

表情を介したコミュニケーション　赤ちゃんには，親しく対面している他者が表情を変化させると，自らの表情を変化させて応答する能力も生まれつき備わっている。赤ちゃんと目を合わせ，見つめ合いが成立したところで，口を閉じる。続いて，ゆっくりと舌を出してみる。すると，赤ちゃんは，舌を出しはじめることがある。メルツォフとムーア（Meltzoff & Moore, 1977）は，生後1か月に満たない赤ちゃん（新生児）に舌を突き出したり，口を開閉したり，唇を突き出したり，手のひらを開閉させたりしてみせた。すると，新生児は，他者の表情を区別し，さらに模倣らしき反応まで示した。この現象は**新生児模倣**と呼ばれている（図1-2）。親しい他者の表情の変化が子どもの行動に及ぼす影響は，Still-Face（無表情）の実験でも確かめられている（Adamson & Frick, 2003）。これは，子どもと向かい合ってやりとりしていた大人が，急に相互作用を断絶したとき（大人が無表情になり声を発さなくなったとき）の子どもの表情を観察するものである。社会的なパートナーである大人が無表情で乳児との交渉を断っているときを"Still-Face"という。一般に，Still-Face時の乳児の反応は，笑顔が減少し，大人から視線をそらす行動が多くなされるようになる。9か月以降になると，コミュニケーションを回復するために大人の反応を引き出そうと発声したり笑ったりする"修復行為"も観察されている。

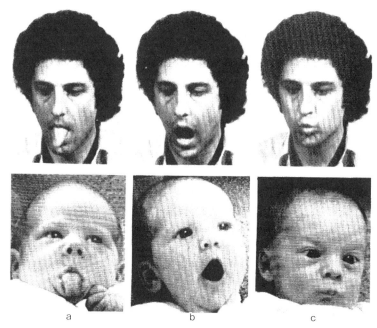

図1-2　メルツォフとムーアの実験で新生児が見せた表情模倣（Meltzoff & Moore, 1977）
a：舌の突き出し　b：口開け　c：唇の突き出し。新生児は提示されたそれぞれの表情に対して模倣反応を示した。

（2）2か月ごろに起こる変化

　生後2か月を過ぎると，社会性に目覚ましい変化が起こる。乳児の側からの社会的なふるまいが増えるのだ。たとえば，他者の目を見つめ，微笑を自ら返すようになる。これを**社会的微笑**と呼ぶ。また，笑顔を伴った発声など赤ちゃんからの積極的なはたらきかけが他者に向けられるようになる（おなかがすいたり，眠くなったり，おむつがぬれたりすると，泣き声で訴えるが，4か月ごろになると，機嫌のいいときにのどをならして「クークー」と発声する**クーイング**や，唇を使って音を出す「バブバブバブ」のような**喃語**が現れるようになる）。いずれも，自分の身体をどう動かせば他者から期待すべき反応が引き出せるかを予期した双方向的なコミュニケーションの開始である。このように，他者を社会的な存在として意識して向き合う社会的能力が発達する。

（3） 9か月ごろに起こる変化

　4か月ごろから赤ちゃんは物へ手を伸ばし（reaching）はじめる。自分と他者との身体をとおした**二項関係**のコミュニケーションから，物とやりとりする二項関係のコミュニケーションを確立していく。すると5か月ごろからの離乳食も含めて，物の機能や操作を他者とともに体験する，自分と物と他者との**三項関係**にもとづくやりとりに参加しはじめる。たとえば，食物を赤ちゃんの口に運びながら，お母さんも「おいしいね」といって一緒に食べてみせるなどである。こうしたやりとりを経て，生後9か月ごろから，相手の視線に注目し，その視線を向けている方向に自分も視線を向けるという**視線追従**が生まれる。他者が心をもつ存在であることを感じはじめ，他者の心を推察するために，他者が見ている方向を自分も見ようとするのだ。あるいは，見知らぬ物や状況に出くわしたとき，その物や状況を見つめ，そして，親（養育者）のほうをふり返る**社会的参照**といわれる行動もみられるようになる。親（養育者）の表情や態度をうかがって，その物や状況についての情報を得ようとするのだ。このように，生後9か月ごろになると，相手が見ているものをはっきり同定して，それを・と・も・に見ようとする。これが**共同注意**（joint attention）と呼ばれる行為である。自分の興味のある物や出来事を指さして，他者の関心をそちらに引き寄せようとする行為もみられるようになる。他者あるいは物との二項的なやりとりに加え，他者の視点をとおした物との関わり，すなわち三項関係（他者－物－乳児）にもとづくやりとりが出現するのである。

（4） 共同注意から他者の心の理解へ

　視線追従や共同注意は，他者の心的状態を理解する能力の里程標とみなされている。三項関係にもとづくやりとりを通じて，乳児は他者と行為を共有する機会を得る。それは，最初はやらされたり見せられたりと，受動的かもしれない。だが，経験を積み重ねるなかで，赤ちゃんは，自分の行為と他者の行為の間に共通点が多いことに気づいていく。自分の経験をそのまま目の前の他者の行為へ重ね合わせてみると，まるで自分のことのように他者の心の状態を理解することに繋がる。共同注意によって，生後9か月から15か月にかけて徐々に赤ちゃんは，他者の視線の行く先と他者の行為を見ただけで，他者の意図，す

なわち，他者が行おうとしていることを推し量ろうとするようになっていく。

3．心を理解する心の育ち

（1）幼児期の他者理解

　幼児が「他者が行おうとしていることや考えていること」を適切に推察する能力は，「**心の理論**」という考え方で研究されている。「心の理論」とは，他者の目的・意図・知識・信念・思考・疑念・推測・ふり・好みなどの理解を意味し，そのような理解があれば「心の理論」をもっているとする考え方である。子どもの「心の理論」についての研究のはじまりは，ウィマーとパーマーによる実験である（Wimmer & Perner, 1983）。これは，次の「**誤った信念課題**」を人形劇で提示し，登場人物のマクシの考えを子どもに推測してもらう実験である。

> 　マクシは台所でお母さんの買い物袋を開ける手伝いをしている。チョコレートを台所の左にある緑の戸棚にしまう。マクシは，後で戻って食べられるように，どこにチョコレートを置いたかをちゃんとおぼえている。そして彼は遊びに出かけた。次にマクシの母親が台所にやってきて，ケーキを作りはじめる。ケーキを作るのにチョコレートが少し必要になったので，お母さんは，台所の左にある緑の戸棚からチョコレートを取り出し，チョコレートを少し使った。それから，残りのチョコレートを，お母さんは，緑の戸棚に戻さず，右の青い戸棚にしまう。お母さんは，卵を買うために台所を出て行き，マクシはお腹をすかせて台所に戻ってきた。
> 　ここまで人形劇で説明して，「マクシは，チョコレートを取り出すために，どこに行くでしょう」と尋ねる。

　正解は，「緑の戸棚」で，マクシが誤った信念をもっていることの理解を示す解である。これを3-4歳児に聞くとそのほとんどが正しく答えられない（「青」の戸棚を選ぶ）が，4-5歳の子どもに聞くと40％程度に正答率が上昇し，6-7歳児だと90％程度の正答率になる。パーナーらは，一連の研究結果から，「心の理論」の出現時期はおよそ4歳ごろからだとしている。

　「心の理論」の定義とそれが出現する時期については，研究が続けられている。オオニシとバイラジョン（Onishi & Baillargeon, 2005）は，「誤った信念課題」のマクシが台所に戻ってきて戸棚に手を伸ばすのと同様の状況で，生後15か月の乳児は，期待どおりの「誤信念」に従った行為にはおどろいた顔を見

せなかったが，期待に反して「誤信念」に従った行為とは異なる行為を見た際には，おどろいた顔でじっと注視したことを報告した。これは，生後15か月で「誤信念課題」を通過し，「心の理論」に気づいていることを示している。

(2)「心の理論」研究が意味すること

表象的な心の理解　乳幼児を日常的に観察している人にとって，乳幼児が他者の心の状態を理解しているようにみえる行為は見慣れた光景かもしれない。生後数か月で，こちらの動きを試すようなそぶり（たとえば少し泣いてこちらの反応をみる）をみせるなど，こちらの心を推し量ろうとしているようにみえる様子をみて，成長を実感することもあるだろう。しかし，新生児微笑と社会的微笑，新生児模倣とそれ以降の模倣（第2章参照）のように，乳幼児の周りにいる大人が乳幼児の行為を意味づけるときに，心理学的意味とは質的に異なる場合がある。「心の理論」研究の心理学的意味を考えておこう。母親の表情など，自分の目の前の刺激に対する反応や，テレビで見たしぐさを後から思い出して真似をすることは，自分の心の中に再現された表象にもとづく反応である。他方，「心の理論」研究は，乳幼児期に，他者の心の中に再現された心の内容を推測する，表象的な心の理解が発達することを検証したのである。

社会的知性の形成　「心の理論」は，社会性や道徳性の発達の理想モデルではない。相手の立場に立つことは，道徳的葛藤を解決するメカニズムではないともいえる。プレマックとウッドラフ（Premack & Woodruff, 1978）は，現在地球上に生息している多くの動物種の中で，遺伝的にヒトに最も近い種とされるチンパンジーを対象とした研究で，他個体の心の内容を推測できる動物は「心の理論」をもつと考えることを提案した。そのなかで，チンパンジーの「心の理論」の形成は，集団社会の複雑な関係をうまく処理して，場合によってはそれを巧みに操作することもできるようになる**社会的知性（マキャベリ的知性）**の発達でもあると考えた。社会的知性とは，相手の情報をもとにして欺きや駆け引きといった高次な社会的交渉を行うための能力である。ヒトも同じように，「心の理論」を形成した幼児は，ウソをつくようにもなるし，人と駆け引きをして欺くようにもなる。

社会的知性が育ってくると，幼児期から青年期にかけて，多様な背景をもっ

た子どもたちが集まるところでは様々な葛藤が生まれてくる。このような葛藤場面で，子どもが，お互いの自由を認め合いながら折り合いをつけていくことを学び，社会性や道徳性を育んでいくことを支えるのが，**共感的知性**の発達である（第13章も参照）。

（3）共感的知性

　共感的知性はどのように発達するのか。チンパンジーとヒトの発達を比較すると，ヒトにみられる9か月ごろの変化がチンパンジーにはみられない。つまり，ヒトは，チンパンジーと異なり，9か月ごろに現れる共同注意や三項関係のコミュニケーションを経て「心の理論」が形成される。ヒトは，「心の理論」の形成によって他者の意図を理解できるようになるだけではなく，他者（あなた）と意図を共有できるようにもなる。私とあなたの間でモノやコトを捉える三項関係のなかで，相手が注意を向けるモノやコトに注意を向けて，相手が見ようとしていることを自分も見ようとしたり，相手がしていることをやってみようと模倣したり，相手が考えていることを一緒に考えようとする**共感**が生まれる。共感によって，人は，自分とは異なる感情や意図を抱いている他者に自分自身を関わらせて，自分ごととして考えるようになる。こうして人は，他者の心情を察して思いやること，相手が嫌がることをしないことなど，他者の視点に立った行動ができるようになるのだ。

　この共感的知性の発達には，母親（ないしは親身になって世話をしてくれる養育者）との二項関係のなかで，母親に信頼され承認されることが必須である（コラム2参照）。他者から承認されること，それが自分を信頼し承認することに繋がり，他者を信頼し承認することに繋がっていく（**基本的信頼**，第4章も参照）。自由の相互承認の芽が育つのだ。だが，成長するなかで人は何度も自分に自信を失ったり人を信じられなくなったりする。そのとき，親や教師，児童期に入ると友だち，思春期になると親しい友人から信頼され承認されるという経験を繰り返し重ねるなかで，他者への基本的信頼を体験し直す。そのなかで，共感をもって，お互いの欲求を理解し，葛藤を理解し合い，互いに交渉し調整し合うことを体験し直しながら，道徳性も育っていくのである。

（羽野ゆつ子）

引用文献

Adamson, L. B., & Frick, J. E. (2003). The still face: A history of a shared experimental paradaigm. *Infancy, 4*, 451-473.

花岡ひさ江 (2004). かけがえのない仲間サティルンとの一年間―盲導犬の里親ボランティアの活動から 稲垣忠彦（編） 子どもたちと創る総合学習 子どもの心を育む総合学習 (pp.13-86) 評論社

羽野ゆつ子 (2016). 道徳は，道徳の授業で学ぶこと？―教科の学習および総合学習のなかでの道徳教育 井藤 元（編著） ワークで学ぶ道徳教育 (pp.197-209) ナカニシヤ出版

Johnson, M. H., Dziurawiec, S., Ellis, H., & Morton, J. (1991). Newborns' preferential tracking of face-like stimuli and its subsequent decline. *Cognition, 40*, 1-19.

コールバーグ, L.・ヒギンズ, A. 岩佐信道（訳）(1987). 道徳性の発達と道徳教育―コールバーグ理論の展開と実践 麗澤大学出版会

倉盛美穂子 (2007). 社会性の発達 藤田哲也（編著） 絶対役立つ教育心理学 (pp.151-168) ミネルヴァ書房

Meltzoff, A. N., & Moore, M. K. (1977). Imitation of facial and manual gestures by human neonates. *Science, 198*, 75-78.

Onishi, K. H., & Baillargeon, R. (2005). Do 15-month-old infants understand false beliefs? *Science, 308*, 255-258.

Premack, D., & Woodruff, G. (1978). Does the chimpanzee have a theory of mind? *Behavioral and Brain Sciences, 1*, 515-526.

苫野一徳 (2014). 教育の力 講談社

Wimmer, H., & Perner, J. (1983). Beliefs about beleifs: Representation and constraining function of wrong beliefs in young children's understanding deception. *Cognition, 13*, 103-128.

コラム 1　ガードナーの多重知能（MI: Multiple Intelligences）理論

　1905年，ビネ（A. Binet）によって最初の知能検査が作られて以来，知能検査は集団を対象として均一な条件のもと「紙と鉛筆」を用いて実施できるよう標準化され，適性検査，学業評価検査など様々に形を変えて，人の知性を測る目的で実施されてきた。しかし，ガードナー（Gardner, 1999）はこれまでの知能測定尺度が，言語能力や論理数学的能力など，記号操作の能力に偏っており，人の認知能力のごく一部しか扱っていないと批判した。彼は皮肉を込めて，知能研究者が"人間の認知の最終状態"とみなしてきたものは「研究者自身のように（科学的・論理的に）考えられること」であり，研究者の自己中心的思考から脱却していないと述べる。

　ガードナーは，測定によらない独自の基準を用いて，以下の7つの知能（ガードナーによる知能の定義は第7章を参照）を提案した。

言語的知能：言葉への感受性，言語学習能力，目標のために言語を用いる能力。
論理数学的知能：問題の論理的分析，数学的操作の実行，科学的探究能力。
音楽的知能：音楽的パターンの演奏や作曲，鑑賞のスキルを伴う能力。
身体運動的知能：問題解決や何かを作りだすために，体全体や身体部位（手や口など）を使う能力。
空間的知能：空間のパターンを認識して操作する能力。
対人的知能：他人の意図や動機づけ，欲求を理解し，他者と関係を築く能力。
内省的知能：自分自身を理解する能力。自分自身の欲望や恐怖，能力も含めた内省を自分の生活を統制するために効果的に用いる能力。

　ガードナーによると，人は7つの知能について独自の組み合わせを有しており，MI理論を教育現場へ応用する際は，児童・生徒一人ひとりの知能の組み合わせに応じて個人ごとにカリキュラムが設計されるべきと述べる。これは，学習内容が個人で異なることではなく，学習内容を一人ひとりに合わせた方法で学ぶという，**学習方法，教授方法の個別化**である。またMI理論にもとづいた教育の目標は，獲得された知識が現実の生活のなかで拡張され適切に応用されることであり，これをもってその知識の「理解」と考える。ガードナーの主張は，個別指導を重視する考え方の理論的背景でもある**適性処遇交互作用**（処遇（指導）の効果は学習者の適性によって異なるとする考え方：ATI, Aptitude Treatment Interaction）とその考え方を一にするものであろう。

　ガードナーが主張する「個人ごとに設計された教育」は，今日の教育現場では非現実的であるようにみえる。しかし，個人の学習過程を集積したビッグデータとICTの利用によって近い将来，「私だけの学び方」が可能になるかもしれない。　　（西尾　新）

Gardner, H.（1999）. *Intelligence reframed: Multiple intelligences for the 21st century*. New York: Basic Books.（松村暢隆（訳）（2001）．MI：個性を生かす多重知能理論　新曜社）

第2章　身のまわりの事象を理解する心の育ち
能動的で協同的な学習の心理的基盤

1．身のまわりの事象を理解していく過程

　今日，「主体的・対話的で深い学び」が求められ，その方法として**アクティブ・ラーニング**が注目されている（文部科学省，2016）。アクティブ・ラーニングという用語は，学術的には，一方向的な知識伝達型講義を聴くという受動的学習を乗り越える意味での，あらゆる能動的な学習のこととされる（溝上，2015）。主体的な学習には，子どもが各自の方法で問題を解く，解き方を発表する，分からないところを話すなど，活動に関与する能動性と，仲間との対話をとおして問題を発見し探究していく協同性が重要だと考えられている。では，学習において，なぜ能動性や協同性が重要なのか。その心理的基盤を，子どもが身のまわりの事象を捉えていくことに関する発達理論から考えてみよう。

（1）ピアジェの認知発達理論
　子どもを「能動的に知識を探索する存在」として捉え，**認知発達理論**を提唱したのは，**ピアジェ**（J. Piaget；1896-1980）である。彼の認知発達理論は，発達を非連続的に捉える発達段階説の代表例でもある。ピアジェの理論をみるまえに，発達と発達段階について触れておこう。
　人間の誕生から死に至るまでの発達的変化の特徴を捉える方法として，発達過程をいくつかの段階に区分して，人間の一生を俯瞰する発達段階がある。発達的変化は，ミクロにみれば変化の小さな連続的過程にみえるが，マクロにみれば大きな変化としての不連続過程にみえる。ある子どもと毎日接していれば，変化は連続しているようにみえるが，はいはいしていた子どもと半年ぶり，1年ぶりに会うと，子どもが立っていて成長したと感じるだろう。後者の，マク

ロな視点から発達を捉えるのが発達段階を区分する第1の理由である。第2は，発達的変化の順序を捉えるためである。ただし，発達には早い遅いの個人差が大きく，順序性もミクロにみれば必ずしも定型ではないこと，発達の時期の分類に，客観的で絶対的な唯一の基準はないことに留意する必要がある。

（2）子どもは能動的である

ピアジェは，人間の認識の起源を系統発生（科学史）および個体発生（認知発達）の両面から考察し，**発生的認識論**を提唱した。ここでは，個体発生（認知発達）の部分の概略を紹介する（Piaget, 1970 ; Piaget & Inhelder, 1966）。

ピアジェによれば，認知とは外界の捉え方であると同時に，外界の環境への働きかけ方の様式である。認知の発達は，人が能動的に外界に働きかけ，それに対し外界がフィードバックを返すという人と外界との相互作用のなかで，働きかけ方や捉え方が外界に即したより適切なものになっていくことだという。ピアジェは，認知発達を，**シェマ**，**同化**，**調節**，同化と調節の均衡という概念によって説明する。シェマは，ものごとを認識するための枠組みという意味である。同化は，あるシェマにもとづいて外界に働きかけたり，外界から情報を取り入れたりすることである。ある子どもがジンベエザメを見て，自分がもっている「魚」のシェマを用いて「魚だ」と認識する。これは同化である。調節は，既存のシェマでは対応しきれないとき，そのシェマそのものを変えていくことである。同じ子どもがイルカを見て「これも大きな魚だ」と認識したのだが，「それは魚ではないよ」と言われたとする。これは子どもにとって今あるシェマでは対応しきれない出来事である。そのとき，子どもは「魚」のシェマを修正，変化させる調節によって，次から理解が可能になる。このように，同化と調節の繰り返しによって，同化と調節の均衡が増していき，外界に即したより適切で客観的なシェマになっていくことを認知発達と捉えた。

ピアジェは，同化と調節によるシェマの均衡化は，活動ないしは**操作**から生じると考えた。操作は，ピアジェの理論では，活動が内化されたものをいう。2つの数の加算も，子どもは，最初は物に指をあてて数える活動をとおして答えを出すが，次第に暗算できるようになる。加算の暗算は，「結合する」という一般的で，（結合に対して分離，加法に対して減法が対応するなどの）可逆

性のある活動が内化されたものであり，操作の現れといえる。
　ピアジェは，活動から操作へと思考が移行する過程を大きく4つの段階に分けた。各段階の特徴をみていこう。

(3) 子どもは身のまわりの事象をどのように理解していくのか

　感覚－運動期（誕生からおよそ2歳まで）　　この時期，人は，目で見たり耳で聞いた刺激に対して，手足を使って直接的に反応する。表象（目の前にないもののイメージを頭の中に再現すること）や言語をほとんど介在せずに，感覚と運動のシェマをとおして，身のまわりの環境を知っていく時期である。
　この時期は，大きく3つに分けられる。
　新生児期は，特定の刺激に対し体の一部が即応する反射が重要となる。口に入ったものを吸う，手のひらに触れたものを握ろうとする，身体を腋（わき）で支え足を床につけると足を上下動させるなどの反射がみられる。
　生後4か月ごろには，物への興味を示しはじめる。ガラガラを繰り返し振って，音が出ることを喜ぶなどの**循環反応**がみられる。しかし，用いられる手段（ガラガラを振る）から目的（音を出す）があらかじめ分化しているわけではない。
　そして，**物の永続性**の理解が進む。物の永続性の理解は，可逆性の端緒の現れであり，諸々の操作の根源だとピアジェは捉える。物の永続性の理解とは，物が視界から消えても，そこに存在し続けていることが分かるようになることである。たとえば，目の前にあるおもちゃに布をかぶせられて見えなくなったとき，5-7か月ごろは，キョトンとするなど，そのおもちゃが存在しなくなったかのような反応を示す。8か月ごろになると，急におもちゃが見えなくなったら泣いたり，部分的に隠されたものであれば布を取り払って探すようになる。しかし，目の前でおもちゃを移動させて隠しても，最初に隠れていた場所を探すなど，手段は既知のシェマの同化にとどまる。9-10か月ごろには，物の移動に応じて探すことができるようになり，12か月ごろには推理の働きが加わって，物を隠していた布の下にさらに違う布があっても，その布を取っておもちゃを探し出すことができるようになる。物の永続性の理解の達成である。これを可能にしたのは，表象が成立して目の前にないものを頭の中に再現でき

るようになったことと，新しい手段で探索できるように既存のシェマが分化したことによる。しかし，操作はできず，外界の認識は感覚と運動のシェマに依存する。

前操作期（2歳ごろ-7歳ごろ）　この時期には，**表象**を使って外界を認識する力が発達する。しかし，具体的な対象でも，操作はあまり使えない時期である。

この時期は，表象の成立によって，2つの記号的機能が発達する。1つは，あるもので別のあるものを表す（はっぱでお皿を表すなど）**象徴機能**である。すると，テレビの登場人物のしぐさを，すぐにその場でではなく，後で1人のときにやってみる延滞模倣や，象徴遊び（ごっこ遊び）が可能になる。2歳ごろには描画もはじまる。もう1つの記号的機能は，言葉である。「りんご」という言葉は，りんごそのものではないが，りんごを表したものだと理解する。

直感的思考もこの時期の特徴である。この特徴は**液量保存課題**（図2-1）でみられる。液量保存課題とは，同形の2つの容器に入れられた水の一方を，子どもの目の前で細長い容器に移し替え，2つの容器の液量の同異を尋ねる課題である。水を移し替える前に結果を予期させると，「液量は同じ。高さも同じ」や，「高さが変わる。細いから」など，保存性の理解の芽を示す答えがみられる。しかし，実際に水を移し替えて2つの容器の液量の同異を尋ねると，この時期の子どもは，水位の高いほうを多いと判断することが多い。ある程度の論理的判断が可能になってくるものの，対象の1番目立つ特徴（この場合，水位の高さ）によって判断する直感的な判断にとどまり，操作に至らない。

自己中心性も，この時期の思考の特徴である。三つ山問題（図2-2）で，

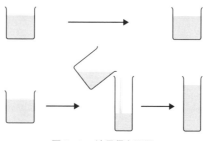

図2-1　液量保存課題

子どもの見ている位置とは異なる位置から見える風景を尋ねられると，子どもは，自分の見えと他者の見えを区別できず，自分の位置から見える眺めの絵を選ぶ傾向が強い。この時期の子どもは，たいていが子ども自身の直感や位置や活動に関係したものに中心化する。そこでピアジェは，この時期の思考の特徴を自己中心性と表現した。自己中心性ゆえに，この時期の子どもの認知活動は同化が支配的で，同化と調節との間の均衡には至らない。

具体的操作期（7歳ごろ-11歳ごろ）　この時期の子どもは，直接見たり触ったりできるような具体的な対象については，具体物が実在しなくても操作が可能になり，論理的思考もできる。まず，保存課題を理解する。その答えの根拠から，様々な操作が可能になることが分かる。液量保存課題でいうと，「同じ水だ」「水を増やしも減らしもしていない」と答えるのは，同一性を根拠とした理解である。物質がその見かけなどの非本質的特徴において変化しても，液量などの本質的特徴は変化しないという論理的思考の現れといえる。「いまと同じように（A→B）移し戻す（B→A）こともできる」と答えるのは，逆操作による可逆性を根拠とした理解である。「水位が高くなった代わりに底が狭くなったから同じだ」という答えは，補償による理解である。ピアジェは，これらの思考は**脱中心化**によって可能になると考えた。脱中心化とは，自分の空間や活動を中心に思考する自己中心性を脱し，複数の視点から物事を見るこ

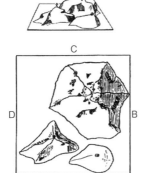

図2-2　ピアジェの「三つ山問題」の課題（子安，1999を一部改変）

とができるようになることである。たとえば液量保存課題の補償による理解が生まれるには、水位の高さのみに集中している子どもの思考が脱中心化され、水位の高さと底面との間の客観的関係が考えられるようになる必要があると考えられた。脱中心化によって、三つ山問題も解決できるようになる。このように2つの視点から物事を見ることができるようになることで、いろいろな観点を協調させる「調節」が可能になり、同化と調節によるシェマの均衡化が立ち現れてくる。

　この時期になると、物をある次元にそって順番に並べる系列化（例：長さの異なる鉛筆を長い順に並べる）、集合間の階層関係を理解するクラス化（例：生き物には動物と植物がある／バナナは食物であり果物である）、推移律（例：A＞Bであり、かつ、B＞CであるならばA＞Cである）の操作が可能になる。ピアジェは、概念体系の形成にもクラス化のような操作が必要だと考えていた。

　論理的思考ができるものの、具体性に縛られるのも、この時期の思考の特徴である。子どもは、「地球は丸い」という知識と、「物体は、平らなところに置かれていたら動かない」という日常の具体的な知覚経験によって得た**素朴概念**をもち、矛盾に気づいても、「人は丸い地球上に立っている」という事実を受け入れにくく、両者を整合的に説明できる考え（シェマの均衡化）には到達しない（第6章（p.73）も参照）。

　形式的操作期（11, 12歳ごろ-14, 15歳ごろ）　　この時期は、思考が現実の具体物や時間の方向性に縛られることなく、問題全体のなかであらゆる可能性のある組み合わせを考えることが可能になる。ピアジェは、特に次の3つのタイプの操作的シェマを重視した。

　①命題の組み合わせ：「かつ」や「または」でむすばれた複雑な命題の組み合わせを理解する。

　②関連要因の発見：ある現象に対して作用しているようにみえる要因のなかから、真に関連する要因を実験的に発見する。様々なおもりが用意されており、天秤の片方のある位置に、いずれかのおもりをつるして釣り合いをとる課題があるとしよう。前操作期は、でたらめにいくつか試して釣り合いのとれる位置とおもりを探しだす。具体的操作期は、支点からの距離がもう一方と同じ位置

におもりをつるすなど，前操作期の子どもよりは組織的だが，うまくいかない場合，別の可能性はないかとうながしても全部は試さない。形式的操作期には，すべての可能な条件の組み合わせを考えて組織的に検討する。

　③比例概念：ある事がらが変化したときに，それに伴って別の事がらも変化することが分かるようになる。天秤の釣り合いをとるには，支点からの距離が変わると，それに伴ってつるすべきおもりの重さも変わること，天秤の両翼で支点からの距離とおもりの重さの積は等しく，互いに反比例することを見出す。

　ピアジェは，具体的なものへの中心化から解放される形式的操作の発達は，この後の青年期に，未来的なもの，理想や理論を生む必要条件だと述べている。ピアジェは，外界への適応に加えて，創造性の発達にも注目していたのである。

2．身のまわりの事象を理解していく方法

　人がまわりの事象を理解していく方法の原理として，**協同学習**と**模倣**に注目した**ヴィゴツキー**（L. S. Vygotsky, 1896-1934）の理論（1934）をみていこう（第6章も参照）。ピアジェが環境との相互作用のなかで，シェマという個人の認知の変容に注目したのに対し，ヴィゴツキーは道具を媒介とした，他者との相互作用に注目した。

（1）人は協同学習のなかで発達する―「発達の最近接領域」

　ヴィゴツキーの独創的なアイデアの1つが，**発達の最近接領域**（Zone of Proximal Development: ZPD）である。人は，「1人で到達できる活動段階」（現下の発達水準）と「教師の援助や仲間と共に活動することで到達できる活動段階」（明日の発達水準）があり，一般的には後者のほうがより大きく広がりがあるとし，その間の領域のことを発達の最近接領域と呼んだ（図2-3）。ヴィゴツキーは，こんな実験をした。2人の子どもをテストし，2人とも知能年齢が8歳だった。そのテストは子どもが1人で解いた問題である。それが現下の発達水準である。この子どもたちに，8歳より上の年齢のテストを与え，解答の過程で誘導的な質問やヒントを出して助ける。すると1人は12歳までの問題を解き，別の子どもは9歳の問題まで解けた。これが明日の発達水準であ

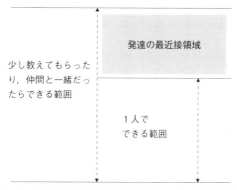

図2-3　発達の最近接領域の構造 (Vygotsky, 1978を改変)

る。子どもは指導者や仲間との協同のなかで助けがあれば，自分1人でするときよりも多くの問題や困難な問題を解くことができ（精神間機能と呼ぶ），他者の助けを借りて子どもが今日なし得ることは，明日には1人でできるようになる（精神内機能と呼ぶ）可能性があると考えた。

　ここから，ヴィゴツキーは，教育と学習は，発達の最近接領域で行われるべきだと考えた。発達の最近接領域の範囲にある課題については，子どもたちは，発達においてすでに成熟しているもの（現下の発達水準）を利用して，協同で発達を促進し，新しいものを発生させる。これをヴィゴツキーは，「子ども時代の教育は，発達を先まわりし，自分の後ろに発達を従える教育のみが正しい」と表現する。こう考えると，学校は，子どもがまだできないこと，しかし友だちの協力や教師の指導を得ることで可能なことを学ぶ協同学習の場となる。

(2) 模　倣

　ヴィゴツキーは，協同学習の基礎にある学習のメカニズムとして，模倣に注目した。周囲の子どもたちの考え方ややり方を見て学び，模倣することで，子どもは，「自分1人でもできる」ことから「自分1人ではできない」こともできるようになるというのだ。

　模倣に関する最近の心理学研究をみてみよう。ヒトとチンパンジーの赤ちゃんの発達を比較する研究から，**新生児模倣**（第1章第2節参照）は，チンパンジーの赤ちゃんにも見られることが分かっている。この模倣を可能にするのは，

他者の行為を見ているだけで、自分自身の脳の中でその行為を自分が行っているかのように反応をするニューロン（神経細胞）の働きによると考えられている（Rizzolatti & Sinigaglia, 2009）。このニューロンは、他者の行為を鏡のように映すことから**ミラーニューロン**と呼ばれている。ミラーニューロンは、模倣だけでなく、他者の意図を理解したり、相手に共感する反応にも関係している可能性が示されている。自閉症の子どもはミラーニューロン的な反応が非常に出にくいことから、ミラーニューロンの機能障害が、社会的関係性の形成の難しさといった自閉症の主な症状の一因になっていると考えられている（ラマチャンドラン・オバーマン, 2007）。

ヒトの赤ちゃんは、9か月以降、チンパンジーとは異なる発達を示す（第1章第3節参照）。それは模倣にも現れる。ヒトの赤ちゃんは、**三項関係**が作れるようになり、**共同注意**ができるようになって、相手が物を操作するという行為の模倣もみられるようになるが、チンパンジーにはみられない（Myowa-Yamakoshi & Matsuzawa, 1999）。チンパンジーが他者の行為を模倣する場合、他者の身体の動きよりも、操作される物がどの方向に動くのかに注目しており、物を操作する他者の身体の動きを模倣することが苦手なのだ。

ヒトの赤ちゃんがみせる、三項関係のなかでの模倣には2つのレベルがある。最初は相手の動作をともかく、何か意図があるのだろうと漠然と理解して、真似る（ただ形だけを真似る）。これを**表層模倣**と呼ぶ。それが次第に、行為の

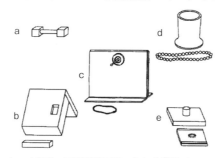

図2-4　メルツォフの実験で用いられた道具（Meltzoff, 1995）
　　a 左右の端を取り外せるダンベル
　　b 箱と差し込み棒
　　c 突起棒と輪
　　d シリンダーと首飾り
　　e 柱とはめ込み板

意図を明確に理解して,その意図にふさわしい行為を真似るようになる。これを**深層模倣**という。たとえば,18か月齢の子どもの前に見慣れない道具を並べ(図2-4),大人がシリンダーにネックレスを入れようとするのだが,手をすべらせてしまって入れられない,という行為を見せる。それを見た子どもは,「ネックレスをシリンダーに入れようとしたのだ」と理解して,自分の番になるとネックレスを入れた(Meltzoff, 1995)。生後18か月で,人は,他者の身体の動きや心の状態に敏感で,一定の状況を理解した模倣ができるのだ。人は,何でも機械的に動作をまねる(表層模倣)のではなく,日常の相互作用のなかで模倣をとおして他者の意図や活動のしくみを理解し,行為を模倣できる(深層模倣)ようになっていくといえる。

3. 深い学習の心理基盤としての思考

　子どもを能動的な存在としてみるピアジェも,社会的な存在としてみるヴィゴツキーも,能動的で協同的な活動のなかに,操作や模倣といった思考の発達をみていた。調査や討論,発表などの活動や対話を形式的に取り入れるだけでは,思考がアクティブになるとは限らないし,それゆえ学びは生まれないともいえる。

　思考がアクティブになる,能動的で協同的な学習の事例として,小学3年の算数「3桁の割り算」の授業(古屋,2012)を紹介しよう。「227個のキャラメルを3人で分けると,ひとり何個になるでしょうか」という問題を,子どもは,まず各自の考え方で解いていく。227個数えながらキャラメルに見立てた○印を3枚の皿に分けて描いていく子,227÷3を筆算にして答えを出す子など,多様な解き方が生まれる。次に,それを発表し合う。すると,筆算について子どもから「なぜ22を3で割って7になるのか,わからない」という意見が出る。それを受けて,筆算で解答した子どもは説明を試みるが,説明できない。子どもたちは能動的で協同的な活動のなかで,新たに考える範囲としての発達の最近接領域を生み出している。

　事例の続きに戻ろう。子どもたちは,筆算のしくみを能動的かつ協同的に考えはじめる。しばらくすると思考が行き詰まる。そこで古屋は,227個のキャ

ラメルを1箱10個入りの箱とバラで提示する。すると子どもたちは，キャラメルの箱を3つの皿に分け，一皿何箱ずつになるかを数え，7というのは3人で分けたときの一皿あたりの箱の数であること，箱の数が22であることに気づき，筆算の22÷3＝7と結びつく。そして，余った1箱が22÷3の余りだと気づき，バラの7個と合わせて分けること（17÷3）に気づく。道具を媒介に，自分たちの考えを交わらせ，つなげ，探究していく協同的な活動のなかでは，子どもたちは，常に自分1人でするときよりも多く広がりのあることができるというヴィゴツキーの理論を体現したような授業である。この協同的で探究的な活動のなかで，子どもたちは学習内容に深くコミットし，筆算のしくみを概念的に深く理解する**深い学び**（ディープ・ラーニング）（松下，2015）を生み出していくといえるだろう。また，この授業では教師が**ファシリテーター**の役割を担っていることにも注目してほしい。ヴィゴツキーの理論との関連でいえば，思考が行き詰まったタイミングで学習の資源を提示し，**足場かけ**（scaffolding）をする教師にその役割は現れる（第6章も参照）。本事例でいうと，キャラメルの提示が挙げられよう。この足場かけが**オーセンティックな**（authentic：真正の）**学び**を生む。オーセンティックな学びとは，現実の世界に存在する本物の実践に可能な限り文脈や状況を近づけて学びをデザインすることによって，習得された知識や技能も本物になり，現実の問題解決に生きて働くのではないか，という考え方である（奈須・江間，2015）（第6章第3節も参照）。他方，足場かけについては，子どもの学習を促す教師の役割をめぐる論点にもなるだろう。事例の省察をとおして，ピアジェやヴィゴツキーの発達観や学習観をみつめ直してみてほしい。

　最後に，協同と模倣の原理として，ピアジェの**視点取得**は重要な概念である。ある側面への無意識的な視点の集中とか，あるいは複眼的に物事をみることができないといった自己中心性は，私たちの対話をはじめとした協同活動のなかにしばしば現れる。誰かとの討論において相手の視点に自分自身を置いてみるということは，そんなに容易なことではない。「主体的・対話的で深い学び」の実現に向けて，認識上の中心化あるいは脱中心化という観点から，子どもの学習活動をみること，教師としての自らの実践を脱中心化して省察することは，これからの教師にとって重要な課題となるだろう。　　　　　　　（羽野ゆつ子）

引用文献

古屋和久（2012）．ETV 特集　輝け二十八の瞳―学び合い支え合う教室―　NHK 教育テレビジョン2012年2月5日放送

子安増生（1999）．幼児期の他者理解の発達―心のモジュール説による心理学的検討―　京都大学学術出版会

松下佳代・京都大学高等教育研究開発推進センター（編）（2015）．ディープ・アクティブラーニング―大学授業を深化させるために―　勁草書房

Meltzoff, A. N.（1995）. Understanding the intentions of others: Re-enactment of intended acts by 18-month-old children. *Developmental Psychology, 31*（5）, 838-850.

溝上慎一（2015）．アクティブラーニング論から見たディープ・アクティブラーニング　松下佳代・京都大学高等教育研究開発推進センター（編）　ディープ・アクティブラーニング―大学授業を深化させるために―（pp.31-51）　勁草書房

文部科学省（2016）．次期学習指導要領等に向けたこれまでの審議のまとめについて（報告）　Retrieved from http://www.mext.go.jp/b_menu/shingi/chukyo/chukyo3/004/gaiyou/1377051.htm（2016年10月12日）

Myowa-Yamakoshi, M., & Matsuzawa, T.（1999）. Factors influencing imitation of manipulatory actions in chimpanzees（Pantroglodytes）. *Journal of Comparative Psychology, 113*（2）, 128-136.

奈須正裕・江間史明（2015）．教科の本質から迫るコンピテンシー・ベイスの授業づくり　図書文化社

Piaget, J.（1970）. *L'épistémologie génétique*. Puf.（滝沢武久（訳）（1972）．発生的認識論　白水社）

Piaget, J., & Inhelder, B.（1966）. *La psychologie de l'enfant*. Puf.（波多野完治・須賀哲夫・周郷　博（訳）（1969）．新しい児童心理学　白水社）

ラマチャンドラン, V. S., & オーバーマン, L. M.（2007）．自閉症の原因に迫る　日経サイエンス，*37*（2），28-36.

Rizzolatti, G., & Sinigaglia, C.（2009）. *So quel che fai: Il cervello che agisce e i neuroni specchio*. Cortina Raffaello.（茂木健一郎（監訳）　柴田裕之（訳）（2009）．ミラーニューロン　紀伊國屋書店）

Vygotsky, L. S.（1934）. Мышление и Речь.（柴田義松（訳）（2001）．新訳版・思考と言語　新読書社）

Vygotsky, L. S.（1978）. *Mind in society: Development of higher psychological processes*. Cambridge, MA: Harverd University Press.

第3章 身体と認知
学習に対して身体はいかなる役割を果たすか

1. 学習における身体再考

　かつて子どもの習い事といえばそろばんや習字，女の子ではピアノがその定番であった。しかし近年，水泳，体操，サッカー，野球などスポーツ関連の習い事が年々増加し，2015年の調査によると，男児の70.3％，女児の42％がスポーツ関連の習い事を行っている（ベネッセ教育総合研究所，2016）。学習塾に通う小学生の割合が約25％（文部科学省，2008）であることを考えると，身体を動かすことに対する関心は年々高まっているといえよう。

　思考や認知における身体の役割に関していえば，乳幼児期における身体経験が私たちの言語や思考の基盤であるという**ピアジェ（J. Piaget）の認知発達理論**は，今日広く認められるところとなっている。しかし学童期においては，学習者の思考や学習過程とその身体との関連が検討されることは少なく，身体への関心は上で示したように，もっぱら身体の強化や運動能力の向上に向けられるか，あるいはスポーツ活動をとおした礼儀，マナーの習得や根性，精神力といった"人間的成長"へと向けられる。

　学童期以降，学習における身体の役割に関心が向けられていない理由としては，先述したピアジェの発達理論に代表されるような伝統的な発達観が，「思考や知能の発達の方向は具体的思考から抽象的・記号的思考へ向かう」ことを前提としてきたことにある。言い換えれば，思考や知能の発達とは，「思考や記号操作が"脱身体化"すること」とみなされてきたのである。

　しかしながら近年，言語哲学や認知心理学，認知科学，人工知能などの研究から，身体は思考や知能の起源としての役割を超え，より抽象的な記号操作を必要とする思考，推論，理解においても重要な役割を果たしていることが示さ

れつつある。それらの知見は，これまで身体と切り離して考えられがちであった学童期の学習や教育という営みに対して，新たな視点を提供する可能性がある。本章では，学校教育の場における学習活動に対して身体が果たし得る可能性について，特に算数教育に焦点を当てて考えてみたい。

2．数理解と身体

（1）10進法と指

　私たちが数を数える（**計数**）場合，0〜9までの数字と数詞[1]を用いる10進法が一般的である。しかし原理的にいえば，数を表すために10進法を用いる必然性はない。3進法，4進法，12進法，60進法のいずれの数え方を用いても，あるいは繰り上がりを利用せずすべての数に個別の数詞を割り当てて数を表すことも，原理的には可能である。現に上に挙げた10進法以外のn進法は，過去様々な文化で用いられてきた。たとえば，英語表記で11，12が ten-one，ten-two ではなく，eleven，twelve と表されるのも12進法の名残だ（遠山，1959）。このように，計数におけるn進法は原理的には恣意的に決定可能であるにもかかわらず，私たちが現在10進法を採用しているのは，私たちの指が両手合わせて10本あることによる。言い換えれば，10本の指が計算機としてきわめて有効であることを私たちが発見したからに他ならない（遠山，1959）。10進法を採用したことで，10本の指を外部記憶装置として用いることが可能となり，私たちの認知的負荷を軽減できるのだ。

（2）指を利用した計算と算数成績

　幼児が最初に数に触れる際も身体を用いた経験が重要な役割を果たす。幼児は，計数を学びはじめた当初，少ない数であっても1つ1つの対象に触れたり指さしをしたりしながら計数を行う。計数を正確に行うためには，同じ対象を二度数えたり，対象を数え飛ばしたりすることなく，対象と序数詞[2]とを一対一で対応させなければならない。幼児が計数を行う際に対象1つ1つに触れた

---

[1] 数を表現するための記号が数字であり，数を表現するための言葉が数詞である。
[2] 「1つ目，2つ目，3つ目」など，物事の順序・順番を表す数詞。

り指さしたりすることは，対象と接触／指さしとの間に一対一対応関係を成立させることであり，この対象と行為との一対一対応関係が，その後の対象と数詞の一対一対応関係の成立を促すことになるのである（Alibali & DiRusso, 1999; Graham, 1999）。

また計算においても身体動作，すなわち指を使った計算は重要な役割を果たす。計算習得の最初の段階は，対象を"数えること"から始まり，就学するまでには簡単な計算であれば，指を用いて行うことができるようになる。その後小学校2年生までには55％の児童は計算時に指を使わなくなるが，実は大学生の時点でも指を使う学生は26.2％存在している（杉村・山名，2006）。

この計算時の指利用は，"頭の中で計算する"こと，すなわちイメージの操作による計算に至るまでの「補助手段」（柴崎，1981）と考えられ，場合によっては，抽象的な思考を阻害する"悪習"（広田，1988）とみなされる場合もある。しかし，計算時に指を利用することは，算数・数学能力の獲得の阻害要因ではなく，むしろ促進する可能性が杉村・山名（2006）によって示されている。

大学生を対象にした調査によると，確かに小学生の時点では，足し算，引き算の計算の際に指を使わなかった子どものほうが，使った子どもと比較して「自分は算数が得意だった」と評価する割合が高く，逆に計算時に指を利用していた子どもは，「算数が不得意だった」と自己評価する割合が高くなる。しかし大学生の時点では，小学生のときに指を使っていた群のほうが，指を使っていなかった群よりも「算数・数学が得意である」と答えた割合が高くなることが示されたのである。すなわち，小学生時に計算の際に指を使った子どもは指を使わなかった子どもより，小学生時点では「算数が不得意」と答える割合が高かったが，大学生の時点ではこれが逆転し，「算数・数学が得意」と答える割合が高くなるのである。この結果は，計算時に十分に身体を用いることが，その後の算数や数学の学習に寄与することを示唆する結果といえるであろう（杉村・山名，2006）。

（3）手指の巧緻性と計算能力

手指を計算機として利用することが算数・数学能力を向上させる可能性があ

ることは上で示したとおりであるが，最近の研究によると手指の巧緻性，すなわち手先の器用さと計算能力とが関連する可能性が示されている。浅川・杉村（2009，2011）は，幼児（4歳児，5歳児）の手指の巧緻性と計算能力の関連を検討した。このとき，手指の巧緻性は一定時間内にペグボードの穴に刺したピンの数で測られた。調査の結果4歳児，5歳児ともに，ボール投げや，25m走などの運動能力よりも手指の巧緻性のほうが，足し算能力に影響していることが示されたのである（浅川・杉村，2011）（図3-1参照）。また，計算能力に影響すると思われる短期記憶の容量よりも手指の巧緻性が足し算成績に寄与していることも示されている（浅川・杉村，2009）。

浅川ら（2014）はさらに，小学1年生を対象として，手指の巧緻性の訓練が計算能力の向上に寄与するか否かを検討した。手指の巧緻性の訓練は，（1）1分間にできるだけ多くのビーズを紐に通す，（2）親指の腹と人差し指，中指，薬指，小指の腹とを順に合わせる動作を各手指20回ずつ行う，（3）左右の手指を胸の前でコの字状に組んで互いに引っぱり合うように外に向かって力を入れる，という3つの運動によって行われた。計算能力はWISC-Ⅲ[3]の下位検査である基礎的な足し算，引き算，掛け算能力を調べる算数課題によって測られた。1か月の訓練の結果，訓練をした群は，しなかった群よりも算数の成績が上昇することが示された。また，訓練をしなかった群に対してもその後，手指の巧緻性の訓練を行った結果，先に訓練をした群と同様に算数能力の上昇

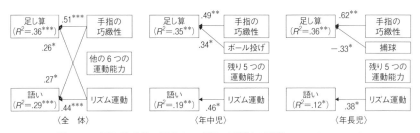

図3-1　足し算成績に対する，手指の巧緻性の影響（浅川・杉村，2011）

注．値は標準偏回帰係数を示す。パスを引いていない箇所は，標準偏回帰係数が有意でなかったことを示す。
$^{*}p<.05, ^{**}p<.01, ^{***}p<.001$

3　5歳から15歳までを対象としたウェクスラー式知能検査（WISC）の改訂版。言語性検査，運動性検査各6種類の計12種類の下位検査から構成される。

がみられている。

（4） 数的操作に関する表象と身体操作

　ここまでみてきたように，乳幼児期に行為とともに獲得された数概念は，学童期においても，その心的操作（計算）と具体的な行為（手指の操作）とが強く関連していることが示された。これまで，認識能力と運動能力は別のものとして考えられてきたが，従来の考え方以上に両者の結びつきは強く，認知発達に対する運動の影響は無視できない（浅川・杉村，2011）といえよう。実際，成人であっても，多くの対象を数える際には，指さしを用いて数を数える現象がみられるし，1個1個の対象を個別に意識化する際には"指さし確認"が行われる。思考や学習に対する身体の役割は，単にその概念成立の起源としての役割にとどまらず，学童期以降も，心的操作を支える基盤としての機能を果たしているといえよう。

3．学習におけるメディアとしての身体

（1） 学習者のレディネス[4]（readiness）を示す身体

　「思わず笑みがこぼれる」「一瞬，顔を曇らせる」などの表現にもあるように，私たちの身体は，意図しないもの，自覚していないものまで含めて，自身の感情を映し出すメディアとしても機能する。しかし，身体が映し出す情報は感情に限らない。私たちの理解や認識の内容についても私たちの身体は，発話に伴う身振りとしてそれを表してしまう場合があるのだ。

　このような現象が最初に報告されたのは，幼児の**液量保存課題**（第2章（p.20）参照）においてであった（Church & Goldin-Meadow, 1986）。チャーチとゴルディン-メドウは，保存課題の判断の理由を説明する子どもの発話と身振りの観察から，液量保存課題を間違えた子ども，すなわち保存性を獲得していない子どもが2つのグループに分けられることを見出した。1つは，発話では，2つの容器で水位の高さが異なることを理由に液量が異なると発言し，ま

　4　学習が成立するための準備性のこと。たとえば，割り算を学習するためには掛け算が十分に習得されている必要がある。この場合，掛け算は割り算の**レディネス**に当たる。

た身振りでも容器の水位の高さを示すグループ（発話－身振り一致群）である。他方は，発話では，水位の高さの違いを理由に液量が異なると発言していながら，身振りでは容器の広さ（面積）を表すような動作を行うグループ（発話－身振り不一致群）である。チャーチとゴルディン-メドウは液量保存課題を間違えた，発話－身振り一致群と発話－身振り不一致群のそれぞれに，液量保存課題を解くための手がかり[5]を与え，その後2つの群に対して再度液量保存課題を行った。その結果，一致群と比較して不一致群の成績の高いことが示された。すなわち発話では高さに言及しつつも身振りでは容器の面積を表していた不一致群のほうが，手がかりの効果が高かったのである。この結果からチャーチとゴルディン-メドウは，発話では高さに注目していながら身振りでは容器の底面積を表していた発話－身振り不一致群が液量保存概念獲得に関して移行期にあると結論づけた。

　その後の研究から，これと同様の現象が，保存課題よりも抽象的で，小学校の算数として教授される**数学的等価性**（mathematical equivalence）課題においても発現することが確認されている（Perry et al., 1988; Goldin-Meadow et al., 1993）。数学的等価性課題とは，等式5＋3＋4＝□＋4の□に当てはまる数を問うような課題で，等号を挟んだ左辺と右辺が等しいことの理解を必要とする。ペリーら（Perry et al., 1988）は9歳から10歳の子どもに6つの数学的等価性課題を解くように求め（事前課題），その後それぞれの課題の解き方を説明させた。ほとんどの子どもは，解き方の説明を行う際，自発的に身振りを行ったが，上記の保存課題と同様に，発話による説明と身振りが一致する場合と一致しない場合が観察された。発話と身振りが一致する例としては，「5と3と4と4を足して答えは16」と発話しながら，身振りでは，式に含まれるすべての数字5，3，左辺の4，右辺の4を指さしてから，最後に□を指さすよ

---

[5] すべての実験参加児に対して次の二種類の手がかりのうちいずれか一方が与えられた。第一は教示による手がかりで，実験参加児に対して，可逆性（reversibility：元の容器に戻せば水位が同じになること），補償（compensation：一方の容器は高く，他方の容器は広いこと），同一性（identity：水を移し替える際に，そこから足したり引いたりしていないこと）に注意を向けさせる教示が与えられた。第二は操作による手がかりで，実験参加児は，移し替え，戻す操作を自ら行った。手がかりを与える実験者は，実験参加児が一致群，不一致群のいずれであるかは知らされていなかった。いずれの手がかりが与えられた場合も，二度目の液量保存課題において不一致群の方が一致群よりも成績が高かった。

うな例である。他方，発話と身振りが一致しない例としては，発話では，左辺の等号までの数字5，3，4をすべて足して12を答えとしながら，身振りでは，5，3，左辺の4，右辺の4と□を指さすような例である。6つの数学的等価性課題を事前課題とし，これらの6題の課題の解き方の説明から，ペリーらは実験参加者の子どもたちを発話−身振り一致群，発話−身振り不一致群の2つに分けた。事前課題の説明後，ペリーらは，実験参加者すべての子どもに対して，数学的等価性課題を解くための手がかり[6]となる説明を行った。その後，子どもらは，別の6つの数学的等価性課題（事後課題）と，より一般化された課題（一般化課題：たとえば，7＋2＋8＝8＋□や2×4×3＝2×□のような課題）を解くよう求められた。その結果，事後課題および一般化課題の両方に成功した子どもの割合は，発話−身振り一致群よりも発話−身振り不一致群で高いことが示されたのである。すなわち，不一致群の方が一致群よりも手がかりの効果が高かったのである。

　上記の保存課題および数学的等価性課題を用いた実験から，ゴルディン−メドウ（Goldin-Meadow, 2015）は，発話と身振りの不一致は，学習者が概念獲得における移行状態にあることを示すものであることを主張している。言い換えれば，発話と身振りの不一致は，学習者の概念獲得のレディネスを示す指標であり，発話者本人（学習者）によって意識化されておらず，言語化されていない学習者の思考が身振りに現れているのである。学習者の身体は，教師にとって学習者の学習状態を示すメディアとなり得るのである。

（2）教師の身体に惑わされる学習者

　学習者の身体が，学習状態を教師に伝えるメディアとして機能するように，教師の身体もまた学習者にとって情報を得るためのメディアとして機能する。ゴルディン−メドウ（Goldin-Meadow, 2015）によって報告された次の事例は，数学的等価性課題を教える教師とその学習者とのやりとりである。7＋6＋5＝□＋5の課題において子どもは"等号までの数字をすべて足す"という誤っ

6　実験参加児に対する手がかりとして，等号を挟んだ左辺と右辺とを等しくすることが課題のゴールであることが示された。手がかりを与えた実験者は，実験参加児が一致群，不一致群のいずれであるかは知らされていなかった。

図3-2 教師の身振りが生徒の解答に影響を与える例
(Goldin-Meadow, 2003; Goldin-Meadow, 2015を参考に作成．一部改変)

た方略を用いて□に18を入れた。それを見た教師は「君は，左辺の3つの数字を全部足して答えを出したんだね」と言いながら，その身振りで，等式の左辺の7，6，5とさらに右辺の5まで指差したのである。教師は身振りを行った後，問題の正しい導き方を説明しようと続けたが，教師の説明が終わる前に学習者は教師の発言を遮って新しい答え23を出した。これは式の左辺と右辺のすべての数字を足したものである。23という解答に教師は意外な様子を示したが，"すべての数字を足す"というアイデアを子どもに与えてしまったのは，すべての数字を指さした教師の身振りに他ならない（Goldin-Meadow, 2015）。

　教師の身体は，学習者である子どもに対して情報を伝える1つのメディアとして機能し得るし，子どもはそこから不適切な情報を引き出してしまう可能性もある。しかしながら，発話者にとって発話に伴う身振りが多くの場合そうであるように，教師もまた自分の身振りに対して自覚的ではない。子どもを誤った考え方に導いているのは，教師自身の身体かもしれない。

（3）概念獲得を促進する身体模倣

　先の例で，学習者の身体活動には学習者が意識していない学習者自身の思考

が反映されることを述べた。ではこれとは逆に，身体を用いた特定の行為が，学習者の理解や概念形成に影響することがあるだろうか。この問いに対して，ゴルディン－メドウら（Goldin-Meadow et al., 2009）は，数学的等価性課題（4＋3＋6＝□＋6）を間違えた子どもに，特定の身振りを行うように求めてこれを検討している。彼らが学習者に求めたのは，数学的等価性課題の正しい解き方を理解している子どもが自発的に行っていた身振りをまねたもので，人差し指と中指をいわゆるVサインの形にし，課題の左辺にはあって右辺にはない2つの数字（上記の例では4と3）を同時に指さし（二点差し身振り：V-Point gesture），その後右辺の□を人差し指のみで指さす，という一連の身振りである（Perry et al., 1988）。この身振りは，等号の左辺にあって右辺にない2つの数字を足し合わせて□に入れること（グループ化方略）で問題が解けるようデザインされたものであるが，身振りの意味するところについて教師が言葉で説明することはなかった。実験の結果，二点差し身振りを行うよう求められた学習者は求められなかった学習者と比較して事後テストで成績の高いことが示された。

　さらに彼らは，この身体を利用した学習の記憶の定着についても検討している。この実験では，学習者は3つの群に分けられ，それぞれ教師が示す数学的等価性課題の解き方を模倣するよう求められた。第一の群には教師は言葉だけで課題の解き方を説明し，第二の群には身振りのみで，第三の群には身振りと言葉で課題の解き方を示した。学習者はそれぞれ言葉のみ，身振りのみ，身振り＋言葉で教師から与えられた説明を模倣し，その後すぐに数学的等価性の課題が与えられた。模倣直後は，いずれの群も同程度の成績向上が認められたが，1か月後，この3つの群に対して再び数学的等価性課題を課したところ，言葉のみを模倣した群と比較して身振りのみ群および身振り＋言葉群で成績が高いことが示されたのである。また，身振りのみ群と身振り＋言葉群とでは，1か月後の成績に差は認められなかった（Cook et al., 2008）。

　先に述べたように，1）学習者の身体が学習者のレディネスの指標となり得ること，2）教師の身体活動が学習者に，それが正しいものであれ誤ったものであれ，教師の意図を超えて情報を伝えてしまう可能性があることは，学習者と教師の身体がそれぞれ聞き手に対して情報を示す"対他的な"メディアとし

図3-3　V-Point 身振りの例　（Goldin-Meadow et al., 2009を参考に作成，一部改変）

て機能する可能性を示している。さらに，3）模倣という，学習者にとって必ずしも自発的ではない身体活動が学習者の概念獲得を促進する可能性が示されたことは，"行為として外在化された概念"が身体活動を媒体として学習者自身に新たな情報をもたらすという意味で"対自的な"メディアとして機能する可能性を示すものといえよう。

4．学習における身体の役割とその可能性

（1）学習における身体の役割

　ここまでみてきたように，学習者にとって身体は概念形成の起源としての役割だけでなく，学童期以降の学習においても，少なくとも2つの役割を果たし得ることが示された。第一は，身振りが学習を促す役割である。一般的に「頭で考える」といわれるような記号の心的な操作と比較して，身体を使った具体的な操作は稚拙さを示す指標のように考えられがちである。しかし，記号操作において身体を十分に利用することが，その後の心的な記号操作の正確性や効率を向上させ，熟達化を促進する可能性が示された。さらに，学習者が教師の身体動作を模倣することが，学習者の概念獲得を促す可能性も示された。第二は身体のメディアとしての役割である。教師は，学習者のレディネスや理解の内容を学習者の身体から読み取り得るし，学習者は，教師自身が意図していない情報までも教師の身体から読み取ってしまう。上記の2つの役割に関して，ここまで，数量理解や算数概念に焦点を当てて話を進めてきたが，学習における身体利用の可能性はこれに限らない。たとえば，天秤における重りを下げる

支点からの距離とバランスの関係に関して，発話と身振りの不一致が学習者のレディネスの指標となり得ることや（Pine et al., 2004），道徳的なジレンマを引き起こす課題においても，身振りを用いることが学習者の多様な視点を引き出すことが示されている（Beaudoin-Ryan & Goldin-Meadow, 2014）。

（2）身体模倣にもとづく「からだでわかる」教授法

　先に示した，教師によって示された二点差し身振りが学習者の数学的等価性の概念獲得を促すという結果は，身体の「概念獲得を促進する機能」と「メディアとしての機能」とが重ね合わされた結果ということもできるであろう。課題についてよく理解している教師，すなわち熟達者の身体は学習者にとってメディアであり，熟達者の身体を模倣することが学習者の気づきを促すのである。このような「身体の模倣」を学習／教授の基礎に置く教授法は，目新しいものではない。非熟達者が熟達者の身体を模倣する学習／教授法は，手仕事におけるわざの伝承や芸能の伝承（第 7 章（p.92）参照）の領域ではこれまで広く用いられてきた。言葉によって教えられず，最初は意味も分からず，単に熟達者の身体を形として模倣する。学習者はこの模倣を繰り返すことにより，最終的にはわざの習得はもとより，わざを超えた形に込められた意味，あるいは当の形をわざの世界全体のなかで意味づける，いわば思想の伝承が行われてきたのである（生田，1987）。

　模倣を基礎にした学習／教授法は，古くから身体技法の伝承場面で用いられてきたが，今日の学校教育において重視されているとは言い難い。すでに生田（1987）が述べているように，「人間のある部分を全体から切り離して精密に語ることが『科学的』であるという近代以降の通念から，『からだ全体で分かっていく』わかり方はこれまで客観的な議論の対象として取り上げられることがなかった」のであり，生田の言から30年を経た今日においても，学校教育の場でその状況は基本的には変わっていない。その理由としては先にも述べたように，（言語も含めた）抽象的な記号操作を知能の 1 つの完成形としてきた，これまでの知能観にあるのではないであろうか。また，これまで身体の重要性について語られてきた言説も，「わざ」や運動，身体表現に限られ，記号操作を必要とする教科内容と直接結びついていなかったこともその理由ではないかと

思われる。

　その意味で，ゴルディン-メドウらが示した，算数概念の理解において身体模倣にもとづいた学習／教授法の可能性を示したことは，これまでの教授法のみならず学校教育における知能観まで含めて，新しい知見を与えるものといえよう。学習における身体の利用は，まだその端緒が示されたに過ぎない。各教科，各学年における学習の中で身体がどのように用いられ得るか，あるいは，学習者個人の特性と身体を利用した学習の有効性との関連など，その活用法の研究と実践こそ，研究者，現場の教師，子どものサポートに関わる人にとって，今後の新しい教育の課題といえるであろう。　　　　　　　　　　（西尾　新）

引用文献

Alibali, M. W., & DiRusso, A. A. (1999). The function of gesture in learning to count: More than keeping track. *Cognitive Development, 14*, 37-56.

浅川淳司・村上太郎・杉村伸一郎（2014）．算数成績におよぼす手指の巧緻性の訓練の効果　日本発達心理学会第25回大会発表論文集，488.

浅川淳司・杉村伸一郎（2009）．幼児における手指の巧緻性と計算能力との関係　発達心理学研究，*20*（3），243-250.

浅川淳司・杉村伸一郎（2011）．幼児期における計算能力と手指の巧緻性の特異的関係　発達心理学研究，*22*（2），130-139.

Beaudoin-Ryan, L., & Goldin-Meadow, S. (2014). Teaching moral reasoning through gesture. *Developmental Science, 17*（6），984-990.

ベネッセ教育総合研究所（2016）．第5回学習基本調査　データブック［2015］Retrieved from http://berd.benesse.jp/shotouchutou/research/detail1.php?id=4801（2016年6月4日）

Church, R. B., & Goldin-Meadow, S. (1986). The mismatch between gesture and speech as an index of transitional knowledge. *Cognition, 23*, 43-71.

Cook, S. W., Mitchell, Z., & Goldin-Meadow, S. (2008). Gesturing makes learning last. *Cognition, 106*（2），1047-1058.

Goldin-Meadow, S. (2003). *Hearing gesture: How our hands help us think*. Cambridge, MA: Harvard University Press.

Goldin-Meadow, S. (2015). Gesture and cognitive development. In R. M. Lerner, L. S. Liben, & U. Mueller (2014). *Handbook of child psychology and developmental science*, Vol. 2: *Cognitive processes*. New York: John Wiley & Sons.

Goldin-Meadow, S., Alibali, M. W., & Church, R. B. (1993). Transitions in concept acqui-

sition: Using the hand to read the mind. *Psychological Review, 100*（2）, 279-297.
Goldin-Meadow, S., Cook, S. W., & Mitchell, Z. A.（2009）. Gesturing gives children new ideas about math. *Psychological Science, 20*（3）, 267-272.
Graham, T. A.（1999）. The role of gesture in children's learning to count. *Journal of Experimental Child Psychology, 74*（4）, 333-355.
広田敬一（1988）．個人差に応じる算数科授業の多様化の実際　§1個人差に応じる個別指導の実際　事例1　ひき算（くりさがりあり）　清水静海（編）　算数科の個別化・個性化指導（pp.41-46）　明治図書出版
生田久美子（1987）．「わざ」の理解　生田久美子・河合隼雄・小林寛道・佐伯　胖・佐々木正人・高石昌弘・竹内敏晴・鳥山敏子・中村敏雄・中森孜郎・林　光　岩波講座　教育の方法8　からだと教育（pp.76-107）　岩波書店
文部科学省（2008）．子どもの学校外での学習活動に関する実態調査報告書 Retrieved from http://www.mext.go.jp/b_menu/houdou/20/08/08080710.htm（2016年6月4日）
Perry, M., Church, R. B., & Goldin-Meadow, S.（1988）. Transitional knowledge in the acquisition of concepts. *Cognitive Development, 3*, 359-400.
Pine, K. J., Lufkin, N., & Messer, D.（2004）. More gestures than answers: Children learning about balance. *Developmental Psychology, 40*, 1059-1067.
柴崎槇男（1981）．算数子どもの考え方・教師の導き方1年　国土社
杉村伸一郎・山名裕子（2006）．計算時における指の利用と算数・数学能力との関連　幼年教育学年報, *28*, 41-49.
遠山　啓（1959）．数学入門（下）　岩波書店

コラム 2　幼少期の不適切な養育の影響はいかにして乗り越えられるか

　幼少期の養育者との情緒的な繋がりはアタッチメントと呼ばれており，子どもの認知，行動，感情の発達的パターンに長期にわたる影響を与え続けると考えられている（Bowlby, 1988）。幼少期において，養育者との間で健全なアタッチメント関係を形成することは，子どもが適応的に成長していくために必要不可欠である。一方で，幼少期における不適切な養育環境や虐待もまた，子どもの心身の発達に長期的かつ否定的な影響を与えることが知られている（Felliti, 2009）。

　それでは，幼少期のアタッチメント関係が子どもの適応的な成長を決定づけるのだろうか？　ワーナーとスミス（Werner & Smith, 2001）の長期縦断研究によると，出生時にリスクの高い環境（母親の妊娠中の合併症，貧困，両親の不和，離婚，両親の精神疾患，低い教育水準等）で育った子どもの3分の1は，10歳時点でリスクの低い環境で育った子どもたちと同様の発達を示したという。その子どもたちは幼少期に活発で友好的であったり，育てやすかったりなどの肯定的な共通点がみられたという。また，もう1つの特徴として，家庭内外に信頼できる人の存在があったという。このことから，リスクの高い環境下で適応的な発達を遂げていくためには，生まれもった気質（育てやすさや高い社会性）や家庭内外での信頼できる他者の存在が重要であるといえる。

　また，出生時にリスクの高い環境で育ち，10歳時点で学習上の問題や非行問題を呈した子どもたちのうち，成人時には過去の問題を克服し，適応的な人生を送っている者がいることも明らかにされている。そうした人たちには，成長過程で教育を受け直したり，職業訓練を受けたり，情緒的に安定したパートナーとの結婚，宗教に入信したという経験が共通していたという。この研究から分かることは，幼少期にリスクの高い環境で育ち，学習や行動での困難さを抱えたとしても，成長過程で種々の社会的援助を得ることで，過去の困難に起因する心理・社会的問題を乗り越えられる可能性が残されているといえる。

　信頼できる他者との出会いは，年齢に関わらず困難さを乗り越えるための重要な契機となることはいうまでもないが，そのような他者とは同情的関心などから無制限に相手を許容するような者ではないだろう。必要なときに必要な程度の援助を提供し，粘り強く相手の能力を信じ，公平で一貫した態度で接する他者との間にこそ信頼関係を構築することが可能であり，こうした信頼関係の上に困難さを乗り越える力が培われ，発揮されるのだろう。

（山口正寛）

Bowlby, J. (1988). *A secure base: Clinical applications of attachment theory*. London: Routledge.
Felliti, V. J. (2009). Adverse childhood experiences and adult health. *Academic Pediatrics, 9*, 131-132.
Werner, E. E., & Smith, R. S. (2001). *Journeys from childhood to midlife: Risk, resilience, and recovery*. Ithaca, NY: Cornell University Press.

第4章 多様性の時代のアイデンティティとは？
自己の発達と心理的適応

1．現代社会における心理的適応

　グローバル化が進み，誰でもインターネット等ですぐに知識を得られ，遠く隔たった場所にいる相手とも繋がれるという状況は，私たちに非常に多様なあり方を許容し，選択の自由を与えてくれる。しかし，社会が流動化し，変化が著しいために，従うべき社会規範が不明確になりやすいなか，多様なあり方から自分のあり方を選びとらねばならないという新たな課題ももたらすこととなった。

　これは，自分自身の心に適応すること（心理的適応）が，以前よりも問われるようになったともいえる。生物が周囲の環境やその変化に対して適合的な行動をとることを適応という。適応というとき，自然環境や社会環境への適応もあるが，個人が社会に合わせていくだけではなく，自分自身の心に適応する心理的適応もある。この**心理的適応**は，個人の心のありように合った行動ができること，またはそのような環境を能動的に作り出すことも含む。心理的適応には，自分が適応の主体であるという感覚（アイデンティティ）がどのような状態であるかが重要である。**アイデンティティ**とは，一言でいえば「自分らしさ」であるとよく説明されるが，大事なのは，自分のなかに「自分らしさ」の感覚があるというだけでなく，その「自分らしさ」が社会的な関係のなかで他者にも認められているという感覚があることである（鑪，2002）。「自分らしさ」と，他者からみた「その人らしさ」が合致しているという感覚は，養育者や仲間などの他者との関係性の中で様々なつまずきや悩み，葛藤を経験しつつ青年期に確立されるものであり，その後の成人期，老年期の基礎ともなる重要な感覚である（Erikson, 1959）。

本章では，まず自分という感覚が他者（社会）との関係のなかでどのように発達し，アイデンティティの感覚として確立されていくかを概観する。次に，それをふまえて，多様化し流動化する現代社会において，青年たちのアイデンティティはどのような状況にあるのかを考えてみたい。

2．自己の発達

（1）自分という感覚—自己という概念

　人の身体的機能も心理的な機能も社会との関わり方も刻々と変化しているものである。しかし，人には自分自身を一貫したまとまりのあるものとして経験しようとする傾向があり（Stern, 1985など），そのような自分という感覚のことを心理学では**自己**と呼ぶ。自己は，個人の心身の成長と，それに伴って変化していく他者（社会や環境を含む）との相互交流に大きく影響を受けて発達していく。そして，青年期に他の誰でもない自分らしさの感覚として自分のなかで感じられ，他者からも認められる状態，つまりアイデンティティが確立した状態となると考えられている。

　そこで，本節では，自己が他者との関わりのなかで変化していく過程を**心理－社会的発達**として描き出したエリクソンの理論に沿って，乳幼児期から青年期までを概観し，人がアイデンティティの感覚に至る過程をみてみたい。

（2）エリクソンの心理－社会的発達理論

　エリクソンは，心理－社会的要因を重視した発達理論を展開した精神分析家である。その理論の特徴は，人間を「身体・心理・社会的」存在と考え，個人の行動や感情を理解するには生理学的過程，心理学的過程に加えて社会・文化的文脈を考慮しなければならないと考えたこと，そして人間の生涯にわたっての発達を考えたことである（Erikson, 1982）。

　エリクソンの発達図式（図4-1）をみてみよう。人間の生涯を8つの発達段階に分けて捉え，それぞれに発達上の危機が想定されている。危機とは，人がそれまでに身につけてきた対処法が通用しない状況に直面することである。不適応や病理的な状態に陥る可能性もあるが，何とかその状況に対処できれば

成長の機会となる分岐点である。エリクソンは発達的危機として，自分の心身の成長とそれに伴う他者との関係の変化によって各時期に起こってくる心理的なプラスとマイナスの側面を「対」（versus）という記号を使って対置させ，そのバランスがプラスの方向に傾けば，社会的に生きていくための力を得ることができると考えた。たとえば，乳児の心のなかで「基本的信頼」と「基本的不信」は拮抗しつつバランスをとっており，他者との関わりをとおして信頼が

	1	2	3	4	5	6	7	8
Ⅷ老年期								統合対絶望
Ⅶ成人期							世代性対停滞	
Ⅵ成人期前期						親密性対孤独		
Ⅴ青年期	時間的展望対時間的拡散	自己確信対アイデンティティ意識	役割実験対否定的アイデンティティ	達成の期待対労働麻痺	アイデンティティ対アイデンティティ拡散	性的アイデンティティ対両性的拡散	指導性と服従性対権威の拡散	イデオロギーへの帰依対理想の拡散
Ⅳ児童期				勤勉性対劣等感				
Ⅲ幼児期後期			自主性対罪悪感					
Ⅱ幼児期前期		自律性対恥・疑惑						
Ⅰ乳児期	基本的信頼対基本的不信							

図4-1　エリクソンの発達図式（Erikson, 1959）

不信を少しでも上回ったとき「希望」という新たな自己の感覚が得られるという具合である。ここで留意すべき点は，この図式は決して何歳で何ができるというような評価表ではなく，また，100対0でプラスがマイナスに勝たなければ次の段階に進めないというような階段状の発達を表しているのでもないということである。

　そして，各時期に主題となる危機はあるものの，その葛藤は生涯にわたって続くものであり，各時期に相手となる他者や状況，重要度を変えつつも，人はそれらに繰り返し直面していくと考える（たとえば，図4-1で青年期の横一列に書きこまれているのは，各段階の課題が青年期に再燃した場合に直面する危機である）。自己の発達という観点に注目すると，乳児期に作られた自己の感覚を基盤として徐々に新しい自己が作り上げられていき，最終的に老年期に統合されるという視点をもっていた。

　エリクソンの理論は，世代間の「**ライフサイクル**」も包含するものとなっている。人は，主に青年期までは，育てられる者として生き，成人期前期，成人期，老年期には，次の世代を生み出し，育てる者へと移行していくが，この「育て－育てられる」関係は一方の発達なくして他方の発達はあり得ないという関係にある。成人期には，人は次世代を生み，育てるだけでなく，相手に依存され，必要とされることによって，自分に固執せず，他者のために自分を投げ出して世話をする力（**世代性**）が育てられる。そして，そのなかで，自分が育てられた際の過去の傷つきや葛藤にも直面し，未解決の課題に取り組む機会を得ることになる。また，老年期には，孫世代の世話をすることや，子世代が孫世代を育てるのをサポートすることによって，子世代や孫世代の中に自分と同じ特徴があることを感じ，自分の人生に意味を見出したり，次世代との関係をもう一度位置づけし直したりする機会が得られる。また，一歩引いた位置から次世代と関わることで，家族や地域を超えて自分の死後も社会に貢献できるようなものを残そうという思いが生まれると考えられる。このように，複数の世代が「育て－育てられる」関係のなかで相互に関わり，影響を与え合いながらそれぞれ発達していくと考えられるのである。

　次に，主として，育てられる立場を生きる，青年期までの発達をたどっていこう。

（3）乳児期（誕生から1歳半ごろ）の自己

　この時期にエリクソンが危機として提示したのは「**基本的信頼　対　基本的不信**」である。先に述べたとおり，心のなかで拮抗している2つの力のバランスが基本的信頼の方に傾くような経験を積み重ねることができれば，「希望」の感覚を得ることができる。これは，自分を取り巻く世界，つまり，主な養育者に自分の存在が受け入れられ，自分は信じるに足る人間だという自己の感覚を表している。

　近年の乳幼児の研究によって，自分と他の人との違いははっきりしていないものの，誕生間もない新生児にも萌芽的な自己の感覚があり，経験をまとまったものとして捉える過程がすでに始まっていると考えられるようになってきた（Stern, 1985）。とはいえ，思うとおりに動けず，言葉も話せない乳児は，自分で自分の欲求を満たすことも，自分の中に湧き起こる情動（身体を巻き込むような強い感情）をコントロールすることもできない。よって，乳児期の子どもは，心身の調整を養育者に絶対的にゆだねる状況の中で，養育者と情動を共有する経験を積み重ね，主体的な自分という感覚のまとまりをつかんでいくと考えられる。そして，それが養育者（乳児にとっての世界）への信頼感と自己の感覚への信頼感，つまり「基本的信頼」となっていくのである。

　ただ，養育者は完璧に乳児の状態を把握し，ニーズを満たさねばならないわけではない。ウィニコット（Winicott, 1965）は，養育者が乳児にとって「ほぼよい（good enough）環境」であることの大切さを強調している。産後すぐの母親は子どもの世話に没頭し，ほぼ完璧に乳児のニーズに応えるが，徐々に自分のことにも関心が移るようになる。これによって乳児は適度な欲求不満を経験し，自分と養育者が別々の存在であるということに気づくという。それが乳児の他者と経験を共有したいという動機となり，自己の感覚が育っていくのである。

（4）幼児期前期（1歳半ごろから3歳ごろ）の自己

　幼児期前期にエリクソンが危機として提示したのは「**自律性　対　恥・疑惑**」である。この時期は何事も自分でやりたい！という積極的な自分の感覚が高まる一方で，トイレットトレーニングなどのしつけが始まり，子どもと親の

表4-1 マーラーらの分離・個体化過程 (Mahler et al., 1975)

月齢	発達期	状態
1〜2か月	正常な自閉期	自己と外界の区別がない
2〜4か月	正常な共生期	自己の内界に注意を向ける 緊張状態（空腹感など）では外界へ関心を払うようになる
5〜9か月	分化期	相互交流の活発化，母子一体の共生状態から個体の分化へ （母親と自分，母親とそれ以外の人を区別できるようになる）
9〜14か月	練習期	移動能力の拡大，母親を安全基地とした外界の探索
14〜24か月	再接近期	母親との分離を意識して不安が再燃（分離不安） まとわりつきと飛び出し 愛情と承認を強烈に求め，満たされないと見捨てられ不安
24〜36か月	個体化期	現実吟味ができるようになる，空想と言語の交流 同一人物内のよい部分と悪い部分が統合されて全体表象となる →情緒的対象恒常性の獲得 　（心の中に自分を支えてくれる母親イメージができる） 　母親との分離に耐えられるようになる

ぶつかりが顕著となる時期，いわゆる**第一次反抗期**の時期である。それまでにはなかった外からの要求（しつけ）と，自分の内から湧いてくる自律への欲求がぶつかり合うため，そのバランスをどう取るかが問題となってくる。うまく自分のことを自分でコントロールできるという自信がもてれば，「意志」の感覚を得ることができると考えられる。うまくバランスが取れなかった場合，外の要求にこたえられない恥ずかしさや自分への疑いが心に根を張ることとなる。

　マーラーら (Mahler et al., 1975) はこの過程を詳細に観察し，**分離-個体化理論**を提案した。幼児期前期はその再接近期から個体化期にあたる（表4-1）。

　この時期における大きな変化は二足歩行と言語の獲得である。幼児は養育者の目の届かないところまで探索できるようになり，言語によって自分を**表象**として捉えることができるようになる。これらの変化によって，幼児の中に他者と明確に分離した自己という感覚が誕生する（自我の芽生え）。幼児は，養育者との分離を意識することによって不安（分離不安）を感じ，養育者にまとわりついて一体感を感じようとするが，一体感を感じると今度はコントロールさ

れる恐れが湧いてくるため，自律的に行動したいという欲求が強くなる。その結果，幼児は養育者にまとわりつきながらも，とにかく養育者の意向にはことごとく逆らうことで何とか能動的な主体であるという感覚を維持しようとすることになる。

　マーラーらは，この時期に養育者が幼児の安全基地となりながら探索を許容し，まとわりつく幼児の不安に理解を示して応答することが必要だとしている。それによって幼児は自律性の感覚を得ることができ，良い部分も悪い部分ももった 1 人の人としての養育者のイメージを心のなかに形成する（**情緒的対象恒常性**の獲得）。そして，この養育者との関係を基盤として幼児は対人関係を広げていくのである。

（5）幼児期後期（遊戯期）（3 歳ごろから 6 歳ごろ）の自己

　この時期にエリクソンが危機として提示したのは「**自主性 対 罪悪感**」である。外からの要求と自分の内から起こる欲求のバランスをとれるようになってきた幼児は，自己主張し，自分で自分のことを決めたいと思うようになる。自分が自分の行動の中心であると感じられる自己の経験が積み重なることで，目標のために努力ができるという「**目的**」の感覚が得られるとされる。

　この時期の幼児は，遊びの世界に自分が直面している課題や困難をもちこんで解決策を試したり，友だちとの象徴遊びのなかで様々な社会的役割を積極的に経験したりすることで，自分が行為の中心であるという積極性の感覚を身につける。また，獲得した言語を使って自分について物語ることで，自分は何者で，他者とどのように関わるのかといった主観的見通しを核としたアイデンティティの感覚の基礎が作られる（Stern, 1985）。その際，嫉妬や怒り，競争心といった攻撃的な感情をもつことへの罪悪感に脅かされ過ぎずに，自分には何でもできるという万能感を十分味わえることが重要であるが，このような遊びや物語は幼児 1 人でなされるものではない。他者との相互関係，つまり，身近な大人が遊びの世界を保証し，未熟な物語に耳を傾け，補って解釈することで幼児の経験として積み重ねられていくのである。

（6）児童期（6歳ごろから12歳ごろ）の自己

　児童期の危機としてエリクソンが提示したのは「**勤勉性 対 劣等感**」である。小学校というミニ社会のなかで，他者との違い，自分にできること・できないことが明らかになってくるため，できるという感覚は自信に，できないという感覚は劣等感に繋がっていくと考えられる。劣等感にさいなまれることなく，目標に向かって努力し，知性と技術を用いて何かを作り出すことに没頭するという自己の経験ができれば，「有能」という感覚を得ることができるとされる。

　この時期の児童は，まだ基本的に現実的・情緒的に養育者に依存し，大人の社会に組み込まれ，保護された状態である。ただ，学校という社会に入ることで教師という新しい権威が出現することにより，養育者が絶対ではなくなるという大きな変化を経験することとなる（権威の相対化）。この時期になると，児童は自分の考えで積極的に活動できるようになるが，それが社会に許容されるように工夫するようになり，現実検討能力や状況認識能力が高まっていく。その結果，児童は社会で暮らすために必要な現実的で実際的な技能や知識に関心を示し，社会的現実の枠内での自分の将来像を思い描くようになっていくのである。これは，自分の空想のなかや家族のなかで作りだされた自己の感覚が，他者（教師や他児童）との関係のなかで確かめられ，現実の社会に根差したものになっていく過程だといえるだろう。この過程で，児童はつまずきをとおして困難に対処できるようになるわけだが，その際重要なのは，これはできなくてもこれは認められるというような自尊心と劣等感の折り合いがつくことである。その折り合いのつき方がその子らしさにつながっていくと考えられる。

　また，児童期の後期（10歳〜12歳ごろ）になると，安定した養育者との関係からの離脱に向けて動き出す児童が多くなる。**第二次性徴**による身体の急激な変化に伴って親に言えない秘密が生まれ，思春期に入っていくのである。この時期には，自分というものが非常に気になってくる。そして，自分という意識が高まるにつれて，他者がどのようであるかということに関心が向かうようになり，仲の良い友だちと自分が同じであると思いたい気持ち（同一化）や，先生や友人などにあこがれ，そのようになりたいという気持ち（理想化）をもつ傾向が進んでいく。同一化や理想化は，心の安定を脅かす不安や葛藤から心を守り，現実状況に適応するための自己の働きである防衛機制の一種である。自

分という感覚がつかめない不安と確固たる自分を作りたいという思いの間の葛藤を乗り越えようとする心の動きがここにみられるといってよいだろう。そして，その結果，家庭の外へと世界が広がっていき，それに伴って，養育者の権威の相対化が進み，反抗的態度が始まってくる。これは，養育者の価値観とは違う自分なりの価値観をもとうとする試みであり，青年期への移行期であるといえる。

（7）青年期（12歳ごろから22歳ごろ）の自己

この時期にエリクソンが危機として提示したのは「**アイデンティティ 対 アイデンティティ拡散**」である。アイデンティティとは，自分はずっと一貫して自分であり，自分らしい存在であるという感覚と，他者にも自分らしさを認められ，一貫性のあるものとして認識されているという感覚がともに獲得されることであるとされる。自分とは何かという問いと，それに続く葛藤を乗り越えて，社会的存在としての主体性を確立することが目指される。エリクソンは，また，青年期に起こりがちな問題行動や症状を犯罪や病としてみるのではなく，なかにはアイデンティティの危機の悪化した姿として理解し得るものがあるとし，彼らに必要なのは**心理-社会的モラトリアム**の機会であるとした（Erikson, 1959）。モラトリアムとは，青年が社会人としてのアイデンティティを確立するために様々な役割を試み模索し，社会人としての責任を猶予される期間のことをいう。

それでは，この時期を思春期と青年期に分けて，もう少し詳しくみていこう。

まず，思春期（13歳ごろ～18歳ごろ）にさしかかった若者は，第二次性徴の発現と性衝動の高まりから学童期までに一旦作り上げた自分を保てなくなる。ブロス（Blos, 1962）は，この時期を**第二の分離-個体化**として捉えた。児童期までの子どもは，養育者を理想化し，養育者から認められることで自尊感情を維持し，自己のまとまりを得ていたが，この時期に至ると認知能力の向上や対人関係の広がりにより，養育者が欠点のあるただの人間でしかないとみえてくるようになる。これによって若者は幻滅，失望し，養育者との関係で維持されていた万能感が崩壊して無力な自分を実感するのである。そのため，自己のイメージも揺らぎやすくなり，自意識が非常に強くなる。養育者との関係から

離れて，価値観を共有できる仲間や理想化できる養育者以外の大人と交流し，認め合うことで，自己イメージは次第に安定し，養育者への強い思いを手放していけると考えられる。

青年期（18歳～22歳）になると，養育者の支配から上手に逃れ，「親は絶対である」という考えが緩和されることで，養育者と物理的な距離だけでなく，心理的にも距離がとれるようになってくる。これが他者との関係の新しいあり方の基盤となり，他者と適切な距離をとれるようになることにつながると考えられる。つまり，他者とともにいて，しかも自分らしくいられるというアイデンティティの感覚が確立されるのである。そして，それができる自分の居場所を見出そうとする試行錯誤の時期が心理－社会的モラトリアムである。

一方，この時期は，成人期にあたる養育者にとっても大きな危機となる。次世代の若者とのぶつかりあいの中で，自身のアイデンティティに関する未解決な葛藤に向かいあうことが求められるからである。さらに，自分のキャリアや人生の有限性を自覚するこの時期に子どもとの関係では親は役割を失い，親世代との関係では介護や看取りの問題が出てくることで，養育者自身，青年期に一度確立したアイデンティティを再度構築し直すことを迫られることとなる。

3．多様性の時代のアイデンティティとは？

（1）平穏な青年期

これまで自己がどのように発達し，アイデンティティの確立に至ると考えられているのかをみてきた。本節では，青年期の若者に起こっている現象から現代社会におけるアイデンティティのありようについて考えてみたい。

近年，大学進学率も50％を上回り（2015年は51.5％）（文部科学省，2015），短大や高等専門学校等への進学も含めると，80％近い青年が高等教育機関に進んでいる（2015年は79.8％）（文部科学省，2015）。大学までの進学受験システムの組織化傾向が強まり，子どもと大人の境界であり非構造的であるがゆえに不安定であるとされてきた青年期は，いまや管理された社会化のシステムの中に組み込まれ，構造化が進んでいるとみることができるだろう（この点は外国籍（ニューカマー）の子どもたちと対照的であろう。コラム3参照）。この変化

によって，現代は「平穏な青年期」を過ごす若者が多くなり，青年期は危機の時代ではなく，適応的でノリのよさが重視され，葛藤や摩擦を回避される平穏な時代となりつつあると考えられる（下山，1997）。

（2）教育システムと適応

ただ，児童期・青年期を通じて管理された教育システムのなかで過ごす児童・生徒たちの中には，学業不振や非行，不登校などの学校環境への不適応を経験するものも少なくない。中でも不登校は，非行などよりも学校に来ないという消極的な表れ方をするために，生徒指導などによって行動を修正して学校環境に適応させようとする方法が通用しない（石谷，2007）。よって，不登校への対応では，現代の組織化された教育システムという外的な環境への適応ではなく，個人の心理的な適応を重視し，自己のありようについてともに悩み考えることを指向する心理的な支援が主になされてきた。

その一方で，学校に適応しているようにみえている多くの児童・生徒のなかには，学校環境から求められることに受動的に応じ，進学システムのなかで大きな葛藤を感じずに大学生活まで送るものが少なくない。大学の講義で青年期の話をすると，必ず数人の学生から「自分には反抗期がない」「自分の本音をぶつけ合える友人ができない」という質問や感想が寄せられる。養育者とも友人とも強くぶつかり合わないあり方は学校や家庭という環境への適応はよいだろう。しかし，その陰に自分の心への適応の問題が隠されてしまい，自分という意識を作り上げるために「悩む」機会を奪われているとも考えられるのではないだろうか。

（3）現代の青年期におけるアイデンティティ

「悩む」ことを回避する側面をもつ青年期の心理的な問題として，スチューデント・アパシーやひきこもりが挙げられる。この２つの問題をとおして現代のアイデンティティについて考えたい。

スチューデント・アパシーは学業に関する意欲を失って無気力な状態に陥るが，抑うつや不安といった明確な症状がみられず，本人も自らの状態を深刻に捉えられないので，さぼりや怠けと見間違われやすい。しかし，自らの意志で

改善することが不可能な状態であり，深刻な青年期の障害であると考えられる。幼児期から周囲の期待にこたえて適応的に過ごしてきた人に多く，周囲への過剰な適応によって自己の欲求や感情がないがしろにされてきたことで，生活の実感や張りを感じられず，進路決定などの主体的な選択を迫られる状況に対応できない状態に陥ると考えられる。取り組まねばならないことを無意識的に回避し，それ以外では適応的にふるまって自分のあり方について悩まない行動をとる姿からは，アパシーとなることによって自分についての主体的な決定を回避せざるを得ない自己の状態をみてとることができる。

　ひきこもりは，就学，就労，家庭外での交友などの社会的参加を回避し，6か月以上にわたって概ね家庭にとどまり続けている状態（他者と交わらない形で外出しているものも含む）をさし，およそ26万世帯がひきこもりの子どもをもつと考えられている（厚生労働省，2010）。内閣府による実態調査（2010）では，小中学校時代の家庭での経験について，ひきこもりの人は「親が過保護だった」「我慢することが多かった」と回答する割合が高く，自己の感覚を尊重するよりも養育者の意向に合わせてきた経験の積み重なりがうかがえる。ひきこもりになったきっかけについては「職場になじめなかった」が23.7％，「就職活動がうまくいかなかった」が20.3％で合わせて40％であり，以前強調されていた不登校（小・中・高）や大学になじめなかった経験の影響（合計で18.7％）よりも高い割合を占めることが示された。青年期の課題，特に職業決定における問題がひきこもりの現象に大きな影響を与えていること，また，自分らしさをもって他者（組織・社会）のなかでその役割を果たすということの難しさに直面し，家庭にとどまることでその難しい状況を回避している状態がうかがえる。

　以上，2つの問題をみてきたが，いずれも他者のニーズに懸命に合わせることで，他者とぶつかり合うことなく，表面的には適応をしてきた青年像が浮かんでくる。このことから，多様化する社会において主体的な選択を求められる一方で，組織化された教育システムのなかで「平穏な青年期」を送ってきた若者たちも，程度の差はあれ同様の心性，つまり，他者との関係の中でアイデンティティの感覚をしっかりつかめず，主体的に自分のあり方を選ぶこと，役割をもちつつ他者とともにあることに困難を感じる状況にあると考えられるだろ

う。今後の教育システムにおいて，外的な適応を評価するばかりでなく，悩みをとおして心理的な適応を促す必要があるかもしれない。　　　　　　（藤原雪絵）

引用文献

Blos, P. (1962). *On adolescence*. New York: Free Press of Glencoe.（野沢栄治（訳）(1971). 青年期の精神医学　誠信書房）

Erikson, E. (1959). *Identity and the life cycle*. International University Press.（小此木啓吾（訳編）(1973). 自我同一性―アイデンティティとライフ・サイクル　誠信書房）

Erikson, E. (1982). *The life cycle completed*. W. W. Norton.（村瀬孝雄・近藤邦夫（訳）(1989). ライフ・サイクル，その完結　みすず書房）

石谷真一 (2007). 自己と関係性の発達臨床心理学―乳幼児発達研究の知見を臨床に生かす―　培風館

厚生労働省 (2010). ひきこもりの評価・支援に関するガイドライン

Mahler, M., Pine, F., & Bergman, A. (1975). *The phychological birth of the human infant*. New York: Basic Books.（高橋雅士・織田正美・浜　畑紀（訳）(1981). 乳幼児の心理的誕生　黎明書房）

文部科学省 (2015). 平成27年度学校基本調査（確定値）の公表について

内閣府 (2010). 若者の意識に関する調査（ひきこもりに関する実態調査）平成22年7月　Retrieved from http://www8.cao.go.jp/youth/kenkyu/hikikomori/pdf_index.html（2016年6月13日）

下山晴彦 (1997). モラトリアムの下位分類の研究―アイデンティティの発達との関連で　教育心理学研究, *40*（2), 121-129.

Stern, D. (1985). *The interpersonal world of the infant*. New York: Basic Books.（小此木啓吾・丸田俊彦（監訳）(1989). 乳児の対人世界　岩崎学術出版社）

鑪　幹八郎 (2002). アイデンティティとライフサイクル（鑪幹八郎著作集1）　ナカニシヤ出版

Winicott, D. W. (1965). *The maturational process and the facilitating environment*. London: Tavistock Publications.（牛島定信（監訳）(1977). 情緒発達の精神分析理論　岩崎学術出版社）

コラム3　ニューカマーの子どもの学力について考える

「小さいころに日本に来た子のほうが授業についていけない」と聞いたらみなさんは驚くだろうか。

2006年に筆者が大阪のある中学校区で中国人卒業生（過去16年分）を調べたところ，偏差値40以上の高校に（「入試特別枠」などを使わずに）進学した者は，未就学時から日本にいる者（25人）では16％，小1〜小3（35人）では23％，小4〜小6（29人）では34％だった。日本語がぺらぺらで日本に適応している子ほど学業に適応できていないとは，一体どういうことか。

早速保護者に聞いたところ「日本の学校は宿題が少ないから」「先生が優しすぎるから」等といわれた。なかには「日本の教育が腐っているから」とまでいい切る親もいたが，これらはみな比較教育学的な説明といっていいだろう。

一方，日本語教師のなかには「ダブル・リミテッド」「学習言語」などの術語を駆使して熱弁を振るう人が多かったように思う。だが，筆者はこうした言語心理学的な説明にいつも物足りなさを感じていた（もう少し子どもの思いや生活背景に目を向けてほしい……）。

同和教育や在日外国人教育に携わってきた教員は「だからアイデンティティの保障が大切なんだ」といっていた。日本に同化した子どもは，中国人を見下し，親と葛藤し，自分で自分を嫌うようになる。だからまず民族教育を通じて自尊感情を高めてやる必要があるというわけだ。なるほどこれは良く分かる。

さて，90年代のニューオリンズでベトナム人を調査したジョウら（Zhou & Bankston Ⅲ, 1998）の説明はこうだ。米国文化に染まった子どもは同胞コミュニティから教育的なサポートやコントロールが受けられなくなるし，黒人など恵まれない人々が暮らす地域で米国文化に染まるということは非行に染まるリスクを意味する——あくまでも人と人との関係性，誰とどう繋がるか（社会関係資本）に答を求めようとするあたりは，さすが社会学者だ。

みなさんはどの説明に最も納得がいっただろうか。この謎解きに興味をもったら，ぜひ下記に挙げるポルテスらの本（Portes & Rumbaut, 2001 村井訳 2014）も手にとってみてほしい。

（鍛治　致）

鍛治　致（2007）．中国出身生徒の進路規定要因―大阪の中国帰国生徒を中心に　教育社会学研究，*80*, 331-349.

Portes, A., & Rumbaut, R. G. (2001). *Legacies: The story of the immigrant second generation*. Berkeley, CA: University of California Press.（村井忠政（訳）（2014）．現代アメリカ移民第二世代の研究―移民排斥と同化主義に代わる「第三の道」　明石書店）

Zhou, M., & Bankston III, C. L. (1998). *Growing up American: How Vietnamese Children adapt to life in the United States*. New York: Sage.

第 2 部

学校教育における学びのあり方
学習の心理学

　情報化，グローバル化，少子高齢化などを背景にして，学校教育を取り巻く社会は大きく変化している。今後，社会構造や雇用環境はさらに変わり，子どもたちが就く職業のあり方は，現在とは様変わりすることになるだろう。私たちは，社会の変化に受け身で対処するのではなく，多くの情報から何が重要かを自ら考え，主体的に判断しながら，他者とともに目の前の課題に取り組んでいくことが求められている。そのためには，従来，学校教育で行われてきたような正答のある問題を効率的に解く力を育むだけでは不十分である。身につけるべき知識や行動が目標としてあり，それらを身につけることで，経済や産業の発展に繋がっていた時代から，ある時点では誰も正解は分からないが，知識やアイデアを出し合って，目の前の結果をみながら目的を見直すことで生まれる新しい知識やアイデアが重視される時代へと移行しつつあるといえよう。

　第2部の第5・6・7章では，時代とともに，「学習とは何か」いう考え方（学習観）がいかに広がったかを概説し，学習観の変遷と教育課題との関連について考えよう。第8章では，学習指導や学習評価の具体例を紹介し，教育現場における学びの実際について知ろう。第2部の最後の章（第9章）では，学習が成立するための土台である学習意欲について説明する。優れた学習指導法があっても，子どもたちに意欲がなければ，学習は成立しない。第9章では，主体的な学びを引き出す，もしくは，主体的な学びを阻害する学習意欲のメカニズムについて紹介する。第2部を通じて，学校教育における学びのあり方の多様性について知ろう。

第5章 学習のメカニズム（1）
どのように教えるかという視点から

1．学習のメカニズムについて

　心理学の辞書において，学習とは，「人間や動物が経験をかさねることによって，態度や行動様式に永続的な変化が生じ，環境に対する適応の範囲を広げていく過程」とされている。ただし，近年，わが国の教育界では，「学習」にかわって「学び」という言葉が多用されるようになってきた。その1つの理由は，学習の能動性やそのプロセスが注目されるようになったためであろう（鹿毛，2013）。佐伯（1995）は，「学びというと，学び手自身の主体的な営みのようだが，学習というと，学習者自身の主体的な営みというよりも，学習者の営みを第三者的な立場から観察しているような感じがする」と述べ，「学び」と「学習」の差異について言及している。本章では，理論体系を述べるときには「学習」という言葉を使い（広義），人を主語として論じるときは「学び」という言葉を使いながら（狭義），「学習のメカニズム，学びとはどういうことなのか」を論じていく。

　0歳の赤ちゃんであっても，日々の生活を通じて，自分の体の動かし方を知り，動作や言葉で自分の気持ちを表現することを学んでいる。自ら能動的に行動を繰り返すこともあるが，意図なく経験が何度も繰り返されることで新しい行動が身につく場合もある。一般的に望ましい行動が獲得される場合もあれば，望ましくない行動が獲得される場合もある。乳幼児期の子どもたちは，学ぶということを意識しているわけではないが，思いを動かされたことに対して，自分の思いを表現したり，他者とともに活動したり，楽しいことや好きなことに集中した結果，様々なことを学んでいる。幼児期後半および児童期以降になると，「今から，○○を学ぶ」と特定の対象への志向性をもち，集中する時間と

そうでない時間（休憩の時間等）が生じるようになる。発達的には、「学びの芽生え」の時期から「自覚的な学び」へと移行していくわけだが、学びの本質は同じである。

学習のメカニズムについては、多くの知見があるが、大別すると、行動主義的学習観、認知主義的学習観、構成主義的学習観、社会構成主義的学習観、状況論的学習理論などがある。実際、私たちが経験する学習は多岐にわたるので、各学習理論のエッセンスが複雑に影響し合っている。

本章では、教師がいかに学習者を主導していくかを主軸とする行動主義的学習観と認知主義的学習観を、次章では学習者はいかに学ぶのかを主軸とする構成主義的学習観、社会構成主義的学習観、状況論的学習観を説明する。

2．行動主義的学習観

行動主義による学習観は、個人の行動の変化のみを学習とみなし、主体の「行動」に着目する考え方である。主体が「どう考えたか」「どう感じたか」は、分からないこと（ブラックボックス）であると考える。「刺激（Stimulus）に対して、どのように反応（Response）したのか」という客観的に観察可能な行動のみに着目し、特定の刺激によって特定の反応が引き起こされるようになること（対連合）を「学習」と考える。

行動主義的による学習理論には、「古典的条件づけ」と「道具的条件づけ」がある。以下に各々について説明する。

(1) 古典的条件づけ

古典的条件づけと呼ばれる学習理論は、ロシアの生理学者パブロフ（I. P. Pavlov）の条件反射研究がもとになっている。パブロフは、空腹な犬に餌を与えると、唾液がでるといった生理的な反応に着目し、餌を与えるときにベルの音が鳴る（条件刺激）という状況を何度も犬に経験させると、餌がなくても、ベルの音を聞くだけで唾液がでるようになることを明らかにした。このように、ある条件を繰り返すことで本来結びつかない条件刺激（ベルの音）と条件反応（唾液がでる）の関係が出来上がることを古典的条件づけという。

古典的条件づけによって成立した行動の例を以下に紹介する。乳幼児期の子どもは，予防接種で病院に行くことが度々ある。病院にいる白衣を着た医者は，子どもに注射をする。病院の建物や白衣を着た人という刺激と，腕にチクリと刺される注射の経験が繰り返されると，子どもは病院の建物や白衣を着た人を見ただけで，緊張したり，泣いたりすることがある。特定の人や物が対提示されたことによって，出来事により引き起こされた感情がその人やものに条件づけられたのである（学習の成立）。高所恐怖症や対人恐怖症も同じメカニズムである。古典的条件づけが成立したことにより，その後の行動にネガティブな影響が生じる場合もある。長期にわたって，逃避や回避が不可能な場面で嫌悪刺激を受け続けると，後で逃避・回避可能な場面に遭遇しても，嫌悪刺激（罰）を受け続け，状況から逃れようとしなくなる状態に陥る。これを，学習性無力感の状態という（Seligman & Maier, 1967）（第9章参照）。

古典的条件づけによる学習は，本人の意思に関係なく，成立する学習パターンである。次に説明する道具的条件づけは，本人が意図的に扱った条件刺激と条件反応の関係づけが成立した場合に生じる学習である。

（2）道具的条件づけによる学習

道具的条件づけは，心理学者ソーンダイク（E. L. Thorndike）やスキナー（B. F. Skinner）によって提唱された学習理論である。ソーンダイクは，レバーを押すと餌が得られる装置のなかに空腹状態の猫を入れ，猫の動きを観察した。すると，当初猫の動きに規則性はみられないが，装置のなかで動きまわるうちに，偶然に体がレバーに触れて，猫は餌を手に入れる。最初は偶然にレバーに体が当たったわけだが，箱内の特定のペダルを押す（正反応）と，餌がもらえることを経験すると，正反応と誤反応を繰り返しながらも，次第に正反応数が増えるようになる（**「試行錯誤学習」**）。ソーンダイクの考えを発展させたスキナーは，ラットを使った実験を通じて，ある刺激に対し，ある個体が自発的に何らかの行動をし，そこに個体にとっての報酬（強化子）が生じると，その行動を繰り返すようになることを示し，これを学習の成立と捉えた。本人によって好ましい結果が生じた場合は行動が増加しやすく，本人にとって好ましくない結果の場合は行動が減少しやすいといった学習のしくみを知っておく

ことはとても重要である。その後の多くの研究によって，**報酬**となるものは，物理的なもの（お金，食べ物，洋服，欲しい品物など），社会的なもの（他の人からのほめ言葉，承認，注目，愛情，同意など），心理的な強化子（満足感，達成感，気持ちいいなど）があるが，人にとっては社会的なものが一番効果的だといわれている。

　大人は子どもに対して，ある行動を減少させるために，好ましくない結果を提示することがある。たとえば，（大人が考える）望ましくない行動を子どもがしないようにするために，大きな声で怒ったり，その子どもにとって好きなものを保留する等，嫌悪刺激を随伴させ，その反応の生起率を減少させる（「罰」という）。ここで知っておくべきことは，「罰」は一時的な効果はあるが，罰が与えられなくなると望ましくない行動の生起頻度は上昇する可能性が高いこと，そして，望ましい行動を対提示しないと行動は修正しにくいことである。やはり，望ましい行動を学習するためには，報酬による強化が重要なのである。

（3）模倣学習や観察学習—第三者をモデルにする

　第三者が行っている行動を自分も身につけたいと思う場合，私たちは模倣学習や観察学習を通じて学ぶことが多い。**模倣学習**とは，学習者はモデルが行った行動を模倣し，その模倣内容に外部の評価（報酬や罰）があることで，学習が成立するという考え方である。一方，**観察学習**は，直接強化される経験がなくても，モデルとなる他者が強化（報酬や罰）される場面をみたりすることによって学習が生じるという考え方である（Bandura, 1971）。モデルとなるのは，自分が直接出会う人たちだけでなく，テレビや本の登場人物も該当する。

　観察学習は，以下の4つの過程から構成されている。①注意過程：観察者がモデルの行動へ注意を向ける過程，②保持過程：観察したことを記憶として取り込み保持する過程，③運動再生過程：記憶しているモデルの行動体系を再生する過程，④動機づけ過程：上記3つの過程を動機づける過程である。私たちは何でも直接に体験できるわけではないので，観察学習を通じた間接経験による学習は重要である。

　前項で，子どもが特定の行動をしないようにするために，大人が嫌悪刺激を随伴させ，その行動の生起率を下げる関わりをする例を説明したが，大人が，

罰という手続きをとったとき，子どもはその行動はよくないということを学ぶだけでなく，他者が望ましくない行動をした場合は罰を与えればいいということを観察し学んでいる可能性も高い（藤田，2007）。

（4）行動主義的学習理論にもとづいた心理療法や教授法

　行動主義的学習理論をもとにした教授法や心理療法は，問題行動は誤った学習によるもの，または，適切な行動をまだ学習していないものと考えている。最終目標とする行動を細分化し，それらを系統的に並べ，刺激と反応の組み合わせを調整することによって，望ましい行動の習得や不適応行動の修正を目指す。

　古典的条件づけにもとづいた心理療法である**「系統的脱感作法」**は，特定の刺激への不安や緊張反応を低下させる手法である。具体的には，当事者が不安や恐怖を感じる場面を複数挙げて，不安や恐怖の強さを強度順に並べた不安階層表を作成する（表5-1）。当事者は，不安や緊張を生じさせる刺激提示と，弛緩法や自律訓練法などによって生じる筋弛緩状態を同時に経験する。その際，不安度の低い順に刺激が対提示され，特定の刺激への不安や緊張反応の緩和を段階的に進めるのが特徴である。

　道具的条件づけの原理を応用した心理療法に，**「行動分析療法」**がある。不適応行動は誤った学習の結果と考え，その誤った行動を消去し，新しい行動を学習させることが治療である。たとえば，授業中に騒ぐことをやめさせたいと思っている場合，問題行動（ターゲット行動）は騒ぐことである。騒ぐ行動がどういう文脈で生じやすいかを観察してみると，当事者が教師から注目がない場合に騒ぎ（先行事象），騒ぐと教師から注目される（結果事象）という構図

表5-1　高所恐怖症者の不安階層表の例 (筆者作成)

不安に思うこと	強度
バンジージャンプをする	100
つり橋を歩いてわたる	80
観覧車にのる	60
外が見えるエレベーターにのる	40
歩道橋の上から下を見る	20

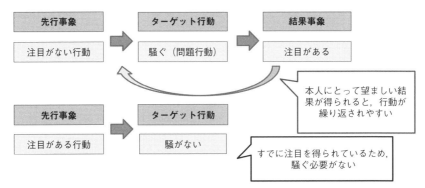

図 5-1　行動分析における先行事象→ターゲット行動→結果事象の関係（筆者作成）

がみえる。つまり，ターゲット行動は，先行事象→ターゲット行動→結果事象の連鎖の中で生じており，先行事象や結果事象を操作することによって，ターゲット行動の減少を目指す（図 5-1 参照）。

道具的条件づけの原理を応用した教授法に「プログラム学習」法がある。望ましい反応に対しては"報酬"を与え，望ましくない反応には"罰"を与えながら，徐々に目的とする行動を形成していく方法である。教師は，学習者の習熟度に応じた課題レベルを設定し，学習者が望ましい反応ができるように，学習状況に応じて適切なタイミングでの評価や指導を与える。プログラム学習の基本原理は，次の 6 点に整理することができる。

①スモール・ステップの原理：最終目標に至るまでの下位目標を難易度の順に段階的に配列し，それらについて 1 ステップずつ漸進的に学習を進めさせる。

②積極的反応の原理：道具的条件づけは，学習者が自発的に行った行動への強化を重視している。各ステップで学習者に積極的に反応（解答）させる。

③即時確認の原理：各ステップの問題に答えると，ただちにその正誤を知らせ，反応（解答）を強化する。

④自己ペースの原理：個人差に応じて，個々人にとって最適のペースで学習を進めさせる。

⑤学習者検証の原理：学習者の学習結果や誤答の箇所にもとづき，プログラム教材を再検討し，項目の細分化や表現の変更などを行う。

⑥手がかり減少(フェイディング)の原理:最初はヒントを与えたり,例題を提示したりして補助するが,徐々にヒントを減らして,ヒントがなくても問いに答えられるようにする。

　プログラム学習の原則は,学校教育実践において日常的に使用されてきた。プログラム学習には,「直線型」と「枝分かれ型」の2つのタイプがあり,スキナー(Skinner, 1968)によって提案された直線型プログラムは,下位目標が一定の順序で直線的に配置されている。一方,クラウダー(Crowder, 1960)によって提案された枝分かれ型プログラムは,学習者の習得状態に応じて,下位項目の習得を進めていく経路が分かれており,習得できない部分は習得させるための補習経路が用意される。プログラム学習の考え方は,学校のテキスト内容に反映されたり,プログラム学習の制御をコンピューターにまかせたCAI(Computer Assisted Instruction)へと発展した。

3．認知主義的学習観

　認知主義による学習観は,人間が外界にある情報をどう判断し解釈したか(認知したか)を重視する。図5-2のように,人間の学習を,コンピューターの情報処理システム的に捉え,人間が効率的に学習するプロセスを考える。よりよい学習メカニズムを考えるには,情報処理過程(保存・加工・再構造化)における,人間の記憶や思考(推論・判断),既有知識の特徴を知ることが重要である。

　「記憶」については,次項で説明するが,人間の思考(推理・判断)に関しては,紙幅の都合上,概略のみ記載する。心理学的には,「推論」「判断」面において,ある一定の思考傾向を有しやすいことが分かっている。「推論」とは,情報や枠組みをもとに,新しい結論を見出すことで,たとえば,一般的な知識・原理から個別事例がそれに当てはまるかどうかを検証する**演繹推論**(第10章(p.137)参照)や,個別事例から一般的知識・原理を導き出す**帰納推論**が代表的である。また,人が意思決定の「判断」を行う際には,多くの要因が影響を与えており,たとえば,ステレオタイプで物や人を捉えやすいことや,自分の仮説を支持する証拠を探す**確証バイアス**をもちやすいといわれている。

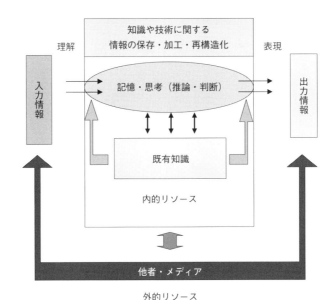

図 5-2　人間の認知モデル（市川，2014をもとに改変）

(1) 記　　憶

　記憶とは，過去の経験を保持し，後にそれを再生することであり，学習において重要な機能である。

　記憶のプロセス　　人が情報を記憶するプロセスとして，記銘（符号化）→保持（貯蔵）→想起（検索）の3つの段階が想定されている。**記銘**は「覚える」段階で，頭の中に入力された情報を取り込む過程，**保持**は「覚えておく」段階で情報を頭の中に維持し蓄えておく過程，**想起**は「思い出す」段階のことで，蓄えていた情報の中からターゲットとなる情報を取り出すことをいう。それぞれの段階の特性をふまえながら，記銘→保持→想起の一連のプロセスがうまく働くということが，学んだことをうまく記憶できているという状態である。

　それぞれの段階には特徴がある。記銘段階では，身の回りの多くの情報のなかから，特定の情報に選択的に注意（**選択的注意**）を向けることが，情報を取り込むことに繋がる。保持段階は，情報の保持時間が数十秒の**短期記憶**と，永続的に保持される**長期記憶**といわれる情報貯蔵システムが機能している。想起

段階では，ヒントを手がかりにして特定の情報を引き出す**再認**や，特定の情報をヒントなしに引き出せるかどうかを確認する**再生**が行われる。一般的に再生よりも再認のほうが簡単である。

記憶の多重貯蔵モデル─記憶の持続時間（感覚記憶・短期記憶・長期記憶）

感覚記憶　私たちは意識しないまま，身の回りの膨大な情報を，五感（視覚・聴覚・味覚・嗅覚・触覚）を通じて頭の中（感覚貯蔵庫）に入れているが，意識的に特定の情報に選択的注意を働かせていないと1秒前後で忘却してしまう。必要と感じたことや興味のあるものには，選択的注意を向けるので，情報が短期記憶に送られていく。

短期記憶（作業記憶）　注意を向けた刺激は，**短期記憶**の貯蔵庫で一定時間そして一定量の情報保持が可能である。ただし，短期情報の保持できる時間は数十秒，保持できる容量は7±2チャンク（情報のかたまり）とされている。

会話，計算，読書，スポーツ，料理場面をイメージすると，私たちは，目標に到達する上で必要な情報を保持すると同時に，目の前の情報を能動的に処理することが多い。その意味で，近年，短期記憶は，**作業記憶（ワーキングメモリ）**とも呼ばれている。作業記憶（以下，ワーキングメモリ）は，情報の活性化と同時に保持を継続し，さらには活性化された情報を統合する役割を担っており，読解や学習，思考などの高次認知を支えている。

私たちが情報を保持するためには，復唱（リハーサル）することが効果的である。リハーサルには，単純に覚えたいことを繰り返す**維持リハーサル**（比較的浅い水準での処理）と，覚えたい情報の意味構造を自分で再解釈し，既有知識や背景との関連性を理解しながら情報の整理をする**精緻化リハーサル**がある。維持リハーサルは，情報を保持させることに役立ち，精緻化リハーサルは，「教科書を読みながら，気づいたことをメモする」など，情報を効果的に記憶し，利用するときに役立つ。有意味化，チャンキング，イメージ化，物語化等の比較的深い情報処理をしながらリハーサルをすれば，情報がワーキングメモリから長期記憶に転送されやすい。

ワーキングメモリの容量は有限で個人差や年齢による変動があり，容量や処理効率によって活動のパフォーマンスは変わることが分かっている（Conway et al., 2008）。発達的には，ワーキングメモリの容量や心的処理の効率性は，

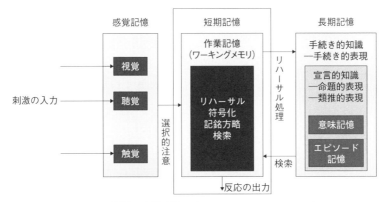

図5-3　記憶の多重貯蔵モデル（Atkinson & Shiffrin, 1971）

幼児期から15歳まで漸次的に増大し，14，15歳までに成人レベルに到達する（Gathercole & Alloway, 2008）。ただし，個人差が大きく，7歳児の10％は4歳児の平均よりもワーキングメモリの容量が下回るという報告もある（Gathercole & Alloway, 2008）。

　長期記憶　長期記憶の容量は無限であり，永続的に保持される。長期記憶になった情報は，いわゆる知識と呼ばれる。

　知識（長期記憶）は，言葉や文字で表現できる「宣言的知識」，運動や道具の操作など，学習者自身の反復練習によって身につく「手続き的知識」に分類される。宣言的知識は，さらに，言葉の意味や事物の名前など多くの人が知っている一般的な知識（「意味記憶」）と，個人的な経験にもとづいた，いつ，どこで，何が，どうしたかといった出来事に関する記憶（「エピソード記憶」）に分類できる。

（2）認知主義的学習理論にもとづいた心理療法や学習支援法

　認知心理学的学習理論をもとにした心理療法や教授法は，学習者の物事に対する認知に着目し，認知を変容させることによって，望ましい行動の習得や不適応行動の修正を目指している。本章では，学習者が学習以前や以後に抱く科学的には誤った考え（誤概念）を明確にし，それを変容させることで，望ましい行動ができるようになることを意図した心理療法や教授法を以下に紹介する。

「認知行動療法」は，問題となっている出来事そのものが感情を生じさせるのではなく，当事者の出来事に対する受け取り方が感情や行動を引き出すと考える。たとえば，「前に座っている友だちに，お昼休みに遊ぼうと声をかけたけど，返事がない」という状況に対して，不安になるか，相手に対する怒りを感じるか，特にネガティブな感情を感じないかは，事実の受け取り方の違いによる。人間はある種の根拠のない否定的な思い込み（不合理な信念）をもちやすいことがある。不合理な信念を合理的な信念に変えることによって，過度の怒りや不快感情を低減させようとするのが，認知行動療法である。

「認知カウンセリング」は，学習者の認知的な問題を明らかにすることによって，学習者自身が自らの学習状況を適切に把握し，学習目標の達成に向けて主体的に学習できるよう支援する手法である（市川，2014）。心理カウンセリングとは異なるものの，学習者が抱える難しさに共感し，なぜ難しいと感じているのかを傾聴することによって，知識・技能面，学習方法（学習方略）面，勉強に対する考え方（学習観）に問題がないかを検討しながら，学習者のつまずきの原因を探り，解決のための支援を行う手法である。たとえば，ある程度勉強時間は確保しているが，学習成果が長期間にわたって得られないAの学習のつまずきの原因を診断するために，カウンセラーはAから，これまでどのように学習を進めてきたのかを聞いたり，学校で使っている教科書やノートを確認したり，実際に問題を解いてもらったりする。Aは，解いた後に間違った理由をふり返らない学習方略を使うことが多く，練習量志向が強く，失敗活用志向が弱い学習観であったため，カウンセラーは教訓帰納と呼ばれる学習方略を指導し，さらに，本人の学習観を意識化させる働きかけを行った（植阪，2010）。

第5章で説明した行動主義的学習観，認知主義的学習観は，教師がどのようにふるまい，また，どのような教材を用意すれば，児童・生徒の学習が定着するのかに焦点を当てている。教師は習得すべき学習目標を詳細にカリキュラム化し，児童・生徒に知識を段階的に伝達し，児童・生徒は学習目標をクリアすべく提示された方法を何度も繰り返す。どのように教えるかという視点から学習を考えている立場といえる。一方，人はどのように学ぶのかという視点から学習を考える立場もある。第6章では，人間は能動的に学ぶ存在であることを

強調した学習観を概観しながら，人間の学習・学びについて考えてみよう。

（倉盛美穂子）

引用文献 ─────────────────────────

Atkinson, R. C., & Shiffrin, R. M.（1971）. The control processes of short-term memory. *Scientific American, 225,* 82-90.

Bandura, A.（Ed.）（1971）. *Psychological modeling.* Chicago, IL: Aldine-Athrton.（原野広太郎・福島脩美（訳）（1975）. モデリングの心理学―観察学習の理論と方法　金子書房）

Crowder, N. A.（1960）. Automatic tutoring by intrinsic programming. In A. A. Lumsdaine, & R. Glaser（Eds.）, *Teaching machines and programmed learning*（pp. 286-298）. Washington, DC: Department of Audio-Visual Instruction, NEA.

Conway, A. R. A., Jarrold, C., Kane, M. J., Miyake, A., & Towse, J. N.（Eds.）（2008）. *Variation in working memory.* Oxford, UK: Oxford University Press.

藤田哲也（編）（2007）. 絶対役立つ教育心理学―実践の理論，理論を実践　ミネルヴァ書房

Gathercole, S. E., & Alloway, T. P.（2008）. *Working memory and learning: A practical guide for teachers.* London: Sage.（湯澤正通・湯澤美紀（訳）（2009）. ワーキングメモリと学習指導―教師のための実践ガイド　北大路書房）

市川伸一（2014）. 学力と学習支援の心理学　放送大学教育振興会

鹿毛雅治（2013）. 学習意欲の理論―動機づけの教育心理学　金子書房

佐伯　胖（1995）.「学ぶ」ということの意味　岩波書店

Seligman, M. E. P., & Maier, S. F.（1967）. Failure to escape traumatic shock. *Journal of Experimental Psychology, 74,* 1-9.

Skinner, B. F.（1968）. *The technology of teaching.* Appleton-Century-Crofts.（村井　実・沼野一男（監訳）（1969）. 教授工学　東洋館出版社）

植阪友理（2010）. 学習方略は教科間でいかに転移するか―「教訓帰納」の自発的な利用を促す事例研究から―　教育心理学研究, *58,* 80-94.

コラム 4　話すことと聞くこと

　国語科学習指導要領には，国語科の内容を構成する領域の1つとして「話すこと・聞くこと」が位置づけられている。しかし，母語であれば就学前にはすでに話し聞くことが可能である子どもたちに，就学後，高等学校においてもなお一体何を教えるというのだろうか。

　この問いに対し国語教育学研究では，論理性や思考力を育てる側面（以下，論理面）と，倫理性や人間関係の形成を目指す側面（以下，倫理面）とがそれぞれに重視されつつ，両者の統合が図られてきた（甲斐・森，2013）。

　たとえば，平成19年度全国学力・学習状況調査，小学校6年生B問題の「一年生と楽しく交流しよう」という課題では，話し合いの記録が台本のような形で1頁半にわたって示された上で，司会者のまとめの言葉が穴埋め形式で出題されている。台本では，話し合いの終盤に，司会者がこれまでの話し合いをまとめた上で，「提案の中には，先に決めた二つの条件以外の新しい条件がふくまれていました。それは ア という条件です」と述べる。この空欄にふさわしい言葉を書くというのが1問目である[1]。続けて2問目にはこの司会の進め方について良いところを書かせる問題が出題されている。

　1問目に問われているのは，話し合いの筋道を捉え，前提となる条件を言語化する判断力・表現力であり，いわば論理面の能力である。一方，2問目に問われているのは，話し合い自体に対する内省の力・(本来の話し合いにおいては)モニタリングの力で，これもまたメタ認知能力（第11章参照）に繋がる論理面の能力である。

　しかし，実際の生活における話し合いは，合意形成の過程で右往左往することにより感情面の収束と人間関係の形成が為されること，つまり倫理面の能力において終着に至る。したがって，論理面だけを取り立てて教育を行うことは本来的な姿ではない。さらに両者の統合を図る際には，倫理面の育成を論理面の育成のための基盤づくりに留めることなく，学びの中心に据えることで，他者とともに生きるなかで自身のアイデンティティ（第4章参照）を揺るがしながら確立していく社会的な自己を育んでいくことが可能となる。とはいえ，人間形成・人格教育に言語教育が関与することは，それが行き過ぎると，かつてのナショナリズム偏重の教育を再興し，個の育ちを妨げることにもなりかねない。ゆえに，これからの教師には，そうした歴史的な視点に立ちつつ，現代的な課題に対峙していくための言語教育観の問い直しが常に求められているといえる。

（森　美智代）

1 「先に決めた二つの条件」とは，「一年生に人気があること」と「ルールが簡単であること」であり，空欄アには「(例) 一度にたくさんの人で遊べること」が入る。

甲斐雄一郎・森　美智代 (2013). 話すこと・聞くことの学習指導に関する研究の概観と展望　全国大学国語教育学会（編）国語科教育の成果と展望Ⅱ（pp.55-60）学芸図書

第6章　学習のメカニズム（2）
どのように学ぶのかという視点から

　本章では，学習者がいかに能動的に学ぶのかに焦点を当てた**構成主義**的学習観，**社会構成主義**的学習観，**状況論**的学習観を説明する。

1．構成主義的学習観

　知識は，外部から刷り込まれるものではなく，学習者自身が能動的に行動することによって，個人内に構成されるものであるとし，能動的参加による認知構造の変化を学習とみなすのが，構成主義的学習観である。第1節では，はじめに，構成主義の源流となったピアジェ理論およびピアジェ理論の保育・教育現場への貢献について説明し，後半は構成主義に依拠した学習研究の主な知見を紹介する。

（1）ピアジェ理論の貢献
　ピアジェ（Piaget, 1970）は，観察や実験を積み重ねることによって，子どもは本来自ら外界の情報を取り込み調整する能力があること（能動性）や，他者の視点に立つことが難しいこと（**自己中心性**）を見出した。そして，子どもたちが外界にある対象を知覚した上で，それが何であるかを判断したり解釈したりする認知の発達にはいくつかの段階があることを，「**発生的認識論**」として体系化した（第2章）。ピアジェの研究は，人が知識をいかに構築するかといった認知のメカニズムを明らかにしようとした初期の研究であり，発達研究の礎を築いた。

　ピアジェは，ある発達段階の子どもは，どのような認知の領域（生物，数，空間，社会性など）であれ，発達段階特有の思考をすると考えていた（**領域一般性**）。しかし，1980年以後，認知発達は各自が置かれた状況に強く関係し

(例：乳幼児であっても文脈や環境を整えることによって能力を発揮すること等)，数理領域や言語領域など領域ごとに固有な形で体系化されていく過程であると考えられるようになった（**領域固有性**）。

（2）構成主義に依拠した学習研究の主な知見

　子どもは，日常生活を通じて，数理認識，言語に関する概念など，身のまわりの事物や現象に関する直感的な概念（**素朴概念**）を発達させている（Wellman, 1990）。1歳児であっても，物理的な接触によってモノが動くというような原因と結果の関係（因果関係）の理解や生物と非生物の区別が可能であり（Spelke, 1991），子どもにとって興味があり知識も経験も豊富な領域の場合には，膨大な知識量をもとに素朴概念が構築されるため，生活年齢以上の推論や思考が可能となる（Chi et al., 1988）。就学前の生活や遊びを通じて，具体物を並べたり，分けたり，数えたりする経験が多い子どもは，加法減法に関する素朴概念をもつようになり，小学校で習う足し算や引き算（加法減法の概念）の理解がスムーズである。

　子どもが抱いている概念が正確な場合，新しい知識を構築するための基礎となるが，不正確な場合（誤概念）は，新しい知識の習得を「誤った方向」に導いたり，学習を困難にすることがある（Carey & Gelman, 1991）。たとえば，「平らなところに物が置かれていると，その物体は動かない。物体は支えなしで宙に浮くことはできない」という素朴概念をもっていると，「地球は丸く，人は丸い地球上に立っている」という事実を受け入れにくい（Vosniadou & Brewer, 1989）。

　また，新しい情報がこれまで学習者がもっていた概念と一致している場合は科学的概念への移行はスムーズだが，新しい情報がこれまでもっていた概念と矛盾した場合は**認知的葛藤**が生じる。科学的概念を習得するためには，認知的葛藤を解消し，新しい情報とこれまでの概念との一貫性を説明できることが必要である（概念変化）。概念変化には，「自発的に生じる概念変化」と「教授にもとづく概念変化」があり（Hatano & Inagaki, 2003），前者は子どもが経験を積むことによって生じ，後者は主に学校教育のもとで生じることが多い。

　後者の「教授にもとづく概念変化」としては，子どもが抱く地球や数に関す

る素朴概念が科学的概念へ移行するように、教師は知識の再構造化（概念変化）を促す役割を担う。たとえば、教師は素朴概念とは異なる結果や考え方（認知的葛藤がおきている状態）を学習者に提示し、認知的葛藤の解決を学習者に投げかける。学習者が自分が抱いていた素朴概念との矛盾を能動的に解消し、科学的概念レベルの理解に至ることを目指す（Posner et al., 1982）。ただし、子どもたちのなかには素朴概念と矛盾する新しいモデルを教えられた後も、もともと抱いていた素朴概念に固執するものもいる。認知的葛藤を生じさせるだけでは、学習者が自分自身で科学的概念（例：重力、浮力、物の溶け方、気圧、生物と動物の違いなど）を獲得していくことは難しい場合もあるので、教師が随時適切な知識やアナロジーを提示することが必要である（Clement, 2013）。

2．社会構成主義的学習観

　第2節では、概念変化や知識構成を個人内のプロセスから考えるだけではなく、子どもと大人、子どもたち同士の相互交渉を通じた教育力に力点を置いた社会構成主義的学習観について説明する。人間の発達や学習は、社会的な関係の中で生まれ育まれるものと考えたヴィゴツキー（Vygotsky, 1934）の理論が源となっている。学習は個人の頭のなかだけで成立するわけではなく、自分自身が属する集団や文化、実際に関わり合う他者との関わりのなかで成立すると考える。

（1）ヴィゴツキーの理論的な寄与とその後の発展

　ヴィゴツキー（Vygotsky, 1934）は、人間は、人と人との関係で展開されている媒介物（道具や記号）を自己のなかに「内化」させていくとする「内化理論」を、学習を捉える枠組みとして援用し、「**発達の最近接領域（Zone of Proximal Development：ZPD）**」という考え方を提案した。「発達の最近接領域」とは、自分1人で問題を解決できることと、1人では解決することが難しいが、大人や友だちの援助のもとであれば問題を解決できることの差である（第2章参照）。その差を埋めるのが教育・保育であり、教育・保育は、自分1人でで

きることと，これからできそうなことを繋げる営みである。

　ブルーナー（Bruner, 1986）は，ヴィゴツキーの理論をもとに，大人が，子ども（学習者）の現在の課題理解レベルを把握し，発達の最近接領域がどの範囲なのかを見極めて，行う援助のことを「**足場かけ（scaffolding）**」と定義した。教師や保育者等は，学習者が独力でできるようになるために必要な支援を見極め，学習者に足場を設けた後，学習者の課題遂行状況を見守りながら，その支援（足場）を減らしたり増やしたり，もしくは支援の内容を変えたりしていく。足場かけの例としては，参加を促したり，励ましたり，着目すべきポイントの指示，課題の難易度の変更，モデルとなる大人や友だちとともに活動することが挙げられる（足場かけについては第2章も参照）。

　「発達の最近接領域」や「足場かけ」を直接実証した初期の研究に，ワーチら（Wertsch & Hickmann, 1987）の研究がある。ワーチらは，2歳児と4歳児にジグゾーパズルのような課題をやらせ，そのときの母親の援助の仕方を分析している。その結果，母親の援助は，課題の難易度によって変わり，難しくなればより多くの援助を行うこと，課題経験回数が増えると，また，参加者の年齢が高くなると，大人主導ではなく子ども主導の相互作用プロセスになることを明らかにした。「足場かけ」といわれる関わり方は，子どもと大人の組み合わせだけにみられることではなく，年齢が異なる子ども同士や，課題の習熟度が異なる子ども同士，障害をもった子どもと健常児との関わり（インクルーシブ教育）においてもみられるものであり，他者との相互作用を通じた学習が，学習到達度や内発的動機づけの向上，利他的な行動や援助行動の増加，グループ内の人間関係の改善につながることが分かっている。協同で課題を行うことが学習者にとって有益な場面になるには，異なる意見をもつパートナーと出会うことによって意見の調整を余儀なくされたり，あるいは責任を分かちもつことによって積極的にその場に参加する状況であったり，参加者が互恵的な相互関係であることが重要な要因となる（Johnson et al., 1991）。

（2）社会構成主義的学習観をベースとした学習方法

　社会構成主義的学習観をベースにした学習方法である「相互教授法（Reciprocal Teaching）」（Palincsar & Brown, 1984）と，「**CSCL**」（Computer Supported Collaborative Learning) を紹介する。**相互教授法**は，先生役と生徒役の役割を交代しながら学習を深めていく方法である。そこでは対話を繰り返すことで，「問題の提示」，「問うべき課題の明確化」，「結果の予測」，「結果の要約」といったポイントを意識させる。他者に自分が理解したポイントを説明したり，または，他者に質問をすることを通じて，課題に対する理解を促し，自身の理解状態をモニタリングする力を向上させる。

　他者との関わりを通じて私たちが知識を再構成していく方法には，直接学習者同士が話し合うだけでなく，「CSCL」や e-Learning (electronic learning: インターネットを利用した学習) など，コンピューターを活用した方法が1990年以降数多く提案されるようになった。「CSCL」とは，学習者がインターネット上の学習共同体において，積極的に他者とコミュニケーションを図りながら議論や協同作業を通じて，自分の考えを外化する学習方法であり，コンピューターを活用した協同学習システム（小嶋ら，2010）である。「CSCL」は，「知識とは，誰かから与えられるものではなく，学習者が自分たちで吟味し，探求して，創りあげていくもの」を保証する学習環境（佐伯，1997）の1つといえるだろう。

3．状況論的学習観

　これまでみてきた構成主義的学習観や社会構成主義的学習観は，学習を学習者の頭の中で生じる認知プロセスと捉えていた。レイブとウェンガー（Lave & Wenger, 1991）は，この考え方に疑問を呈し，知識は社会や人や道具との間で分散的に保持され，状況に依存しているものであり，人間は相互主体的な実践を通じて知識を構成していると主張した。

　たとえば，学校の算数の成績がわるい子どもであっても，スーパーマーケットで買い物するという日常的な文脈では，すぐれた能力を発揮することがある。授業成績のよい子どもが，スーパーでスムーズに買い物できない場合もある。学校教育の文脈がかなり限定されていたり，あるいは文脈もなく公式や計算の練習をしていると，そこで身につけた能力を日常場面に活かすことが難しい。つまり，学習者が何を学んでいるかは，文脈や状況に依存しているのであ

る。

　状況論的学習観では，学習は学習者が社会的・文化的参加を通じて，学習者自身が身を置く共同体（所属する集団）に参加する過程であると考え，「人は相互主体的な実践を通じてどのように学習していくか」といった状況を念頭に置いている。

　本節では，状況論的学習観の代表的な理論である**「正統的周辺参加」**（Lave & Wenger, 1991）の概念と，**「活動理論」**（Engeström, 1987）を紹介する。

（1）正統的周辺参加理論

　正統的周辺参加理論によれば，ある実践の共同体に参加する新参者は，はじめは共同体の周辺的な仕事に関わり，古参者の仕事をみたりすることが多いが，古参者と関わるなかで，次第に責任あることを任され，一人前の仕事ができるようになっていく。学習とは，自他ともに認める一人前の成員になっていく過程であり，知識が活用される文脈での活動に参加することを通じて，知識の意味への理解も深まると考える（詳しくは第7章参照）。

　正統的周辺参加論の考え方は，見習いが職人文化の中で職人としての能力を獲得していく過程をモデルとした学習理論であるが，ブラウン（Brown, 1997）は教育の場での活用を提案し，学校は生徒にとって，学ぶことを学ぶ共同体であるべきだと述べている。見習い学習者が次第に，知的探究者となり，さらに未知の世界をどのように知っていけばよいのかを探求できる学習者になっていく。そして，学校の中だけはなく学問の真正な研究者等との交流を通じて学ぶことで，その学問領域のコミュニティに参加していくという考え方である（秋田，2015）。教育実践の事例を以下に紹介する。シェーンフェルド（Schoenfeld, 1985）は，大学生を対象とした数学の授業において，単に数学の問題を解く方略を学ぶだけでなく，解き方に対する数学者の見方や数学的な考え方を議論し，学生の数学に対する見方を数学者の見方へと変容させていく方法を実践している。この授業では，数学的な考え方に熟達した生徒がそうでない生徒に対して足場かけをしたり，数学的な考え方に熟達していない生徒の疑問が熟達した生徒が抱く知識をゆさぶることもある。

　実践の共同体では，新参者が古参者の知識や技術を学ぶだけでなく，古参者

が新参者と関わるなかで影響を受けたり，新参者が共同体に新たな視点を提供することもある。新参者が古参者の知識や技術を学ぶだけの共同体からは，新しいものは生まれない。そういった集団内の相互関係の中での発見・共有・意味づけによって学びが生まれるプロセスを理論化したものが，次項で紹介する活動理論である。

（2）活動理論

　活動理論は，集団で学ぶ意味を説明するときに有効な理論である。たとえば，体育の授業を活動理論から説明してみる（加登本ら，2014）。小学校4年生の「フラッグフットボール」の単元におけるねらいは，運動に積極的に取り組み，みなで助け合いながら，チームで作戦を立てることである。メンバーのAさんはボール（道具という媒介物）を扱う技能が低く，班の中で役割をもって学習に参加することができず，失敗を責められる様子がみられた。担任教師は「道具」を操作の易しいボールに変更し，「（学習）対象」を，勝ち負けに向けた課題から，全員が役割をもって取り組む課題に変更した。そこで，全員で取り組むにはどうすればいいのかを話し合う時間を設けることによって，集団の「ルール」（作戦通りに動く→その場の判断で動いてもよい）や「分業」（BくんとCさんの権力関係→Cさんもチームの一員）の内容も間接的に変更がなされた。このように，ある主体が活動集団（「活動システム」）のなかで新しい道具を使うと，それは必然的に「活動システム」に参加しているメンバー間の関係を変え，最終的には「活動システム」自体が変化するのである（図6-1）。

　活動理論を提唱したエンゲストローム（Engeström, 1987）は，ある文脈で

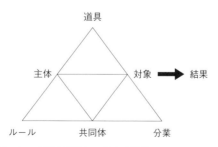

図6-1　人間の活動システムの構造（Engeström, 1987）

第6章　学習のメカニズム（2）　79

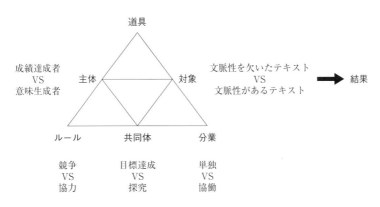

図6-2　学校教育における活動システム（Engeström, 1987と秋田，2015を参考に一部加筆）

発生する葛藤や矛盾が，「活動システム」の変化と発達の駆動力となると考えた。ヴィゴツキーの「人間は，常に道具（身振り，言語，合図，記号，数式などの心理的な道具，技術的道具）を媒介としながら，ある対象に関わっている存在である」という考え方をベースに，エンゲストロームは，人間の協働的・実践的な活動を，「主体」「道具」「対象」「ルール」「共同体」「分業」の6つの構成要素からなる「活動システム」としてモデル化し，集団の質的発展を「ルール」「共同体」「分業」という具体的な概念によって分析する（加登本ら，2014）。主体は道具を用いて対象に働きかけるとともに，ルールに従って共同体に参加し，共同体内では分業して対象に働きかけることで集団的活動を達成する。あらゆる人間の活動は，個人の活動であると同時に，全体の活動のなかの一例でもあり，対象志向的で生産的な側面と，コミュニケーションの側面の両方が含まれている。一方を重視するともう一方に影響があるなど，各々の構成要素内における矛盾や，構成要素間の矛盾等，「活動システム」の「内的矛盾」を原動力として再構成されていく。学校教育の活動システムに当てはめてみると，学校教育における教育の価値は常に拮抗している（図6-2）。矛盾を契機に，主体が技術や知識の習得を通じて活動システムへの参加の仕方を変え

ていくことが学習であり（秋田，2015），それは6つの要素から成る活動システムが総合的に再編されることを意味する。

エンゲストロームは，新しい道具の登場は活動システムを更新する（学習）契機になると述べており，近年，学校現場に導入されてきたICT教材（デジタル教科書や電子黒板）は，まさに学校現場の活動システムを変える契機となる道具であろう。

4．21世紀の学習観の方向性―学習理論の変遷

表6-1は，第5章・本章で説明した学習理論の変遷を示したものである（湯澤，1998）。21世紀の学習観は，行動主義的学習観にもとづく「教授主義」

表6-1　学習観の変遷（湯澤，1998）

	行動主義	認知主義		構成主義	状況論 社会構成主義
学習者の 捉え方	個人	個人		個人	学び合う共同体
学習を 説明する 原理	行動は刺激と反応の連合	学習は理解を通じた知識獲得		知識の構成	文化的実践への参加
学習の 特徴	外的な賞罰による特定の行動の獲得・除去	新しい知識の獲得，知識の構造化，手続き化		知識の構成，既有知識の精緻化，再構造化	学習は物理的，社会的文化的文脈との関わりで生じる
学習の 原理・ 方法	古典的条件づけ 道具的条件づけ プログラム学習	学習内容の組織化，精緻化などの記憶方略の利用，発見学習		既有知識による学習の制約，問題解決学習	発達の最近接領域 認知的徒弟制度 協同学習
学習活動	教員から学習者へ知識や技術を伝達する			教師と学習者はともに活動に参加し，教師は学習者の能動的な活動を支援する	
教師の 役割	学習すべき行動を列挙し，学習行動にフィードバックを与える（正誤，賞罰）	学習すべき情報を構造化し，効果的かつ効率的に伝達する	既有知識（日常知）を明確化し，素朴概念から科学概念の再構築を援助する支援者		科学者が行うように「科学する」活動の場，学び合う，語り合う共同体を創設する

から，構成主義的学習観にもとづく「学習者自身が知識を能動的に構成する学習者中心主義」へ大きく転換した。その転換は，個人を単位として学習を考える立場から，文脈や状況を考慮して学習を考える立場，そして，個と集団の相互作用を通じて構成される社会的な営みを学習と考える立場へと広がりをみせたともいえる。近年，アクティブラーニングや，教えて考えさせる授業（市川，2008）など，様々な授業方法が提案されているが，それらの方法は1つの理論に収斂するのではなく，第5章，本章で紹介してきた学習理論のエッセンス（表6-1参照）を教育や学習システムに効果的に取り込んでいる。表6-1のように，学習観が変化してきた背景には，時代とともに教育の目的や形態が多様化し，既存の学習観では説明できていない部分がみえてきたためであろう。向後（2002）は，行動主義，認知主義，構成主義，社会構成主義，状況論への学習観の変遷について，古い主義が否定されて新しい主義にバトンタッチしたわけではなく，その時代のトレンドと理解したほうが妥当であると述べている。教育現場では，各学習理論を背景とした学習方法が取り入れられ，生徒の特徴に合わせて援用されている。行動主義にもとづいたドリルや，認知主義にもとづいた学習プロセスを可視化し，支援する枠組み，さらには社会構成主義や状況論にもとづいた学習環境の構築など，各学習理論の要素を採用する折衷主義の重要性（鈴木，2005）は今後一層増していくといえるだろう。

〔倉盛美穂子〕

引用文献

秋田喜代美（2015）．学習の理論　秋田喜代美・坂本篤史（編著）　学校教育と学習の心理学（pp.11-28）　岩波書店

Brown, A. L. (1997). Transforming school into communities of thinking and learning about serious matters. *American Psychologist, 52*, 399–413.

Bruner, J. S. (1986). *Actual minds, possible worlds.* Cambridge, MA: Harvard University Press.

Carey, S., & Gelman, R. (1991). *The epigenesis of mind: Essays on biology and cognition.* Hillsdale, NJ: Erlbaum.

Chi, M. T. A., Glaser, R., & Farr, M. (1988). *The nature of experience.* Hillsdale, NJ: Erlbaum.

Clement, J. (2013). Roles for explanatory models and analogies in conceptual change. In

S. Vosniadou (Ed.), *International handbook of research on conceptual change*（2 nd ed., pp.412-446). New York: Routledge.

Engeström, Y. (1987). *Learning by expanding: An activity-theoretical approach to developmental research.* Helsinki: Orienta-Konsultit.（山住勝広・松下佳代・百合草禎二・保坂裕子・庄井良信・手取善宏・高橋　登（訳）(1999)．拡張による学習―活動理論からのアプローチ　新曜社)

Hatano, G., & Inagaki, K. (2003). When is conceptual change intended? In G. M. Sinatra & P. R. Pintrich (Eds.), *Intentional conceptual change*（pp.407-427). Hillsdale, NJ: Erlbaum.

市川伸一（2008)．「教えて考えさせる授業」を創る　図書文化社

Johnson, D. W., Johnson, R. T., & Smith, K. A. (1991). *Active learning: Cooperation in the college classroom.* Edina, MN: Interaction Book Company.

加登本　仁・大後戸一樹・木原成一郎（2014)．小学校体育科のボール運動の授業における学習集団の形成過程に関する事例研究―エンゲストロームの活動理論を手がかりとして―　教育方法学研究, *39*, 83-94.

小嶋英夫・尾関直子・廣森友人（2010)．成長する英語学習者―学習者要因と自律学習　大修館書店

向後千春（2002)．教育工学の『世界の構成』と研究方法　日本教育工学雑誌, *26*（3), 257-263.

Lave, J., & Wenger, E. (1991). *Situated learning: Legitimate peripheral partcipation.* New York: Cambridge University Press.（佐伯　胖（訳）(1993)．状況に埋め込まれた学習―正統的周辺参加　産業図書)

Palincsar, A. S., & Brown, A. L. (1984). Reciprocal teaching of comprehension-fostering and comprehension-monitoring activities. *Cognition and Instruction, 1*, 117-175.

Piaget, J. (1970). *Genetic epistemology* (E. Duckworth, Trans.). New York: Columbia University Press.（芳賀　純（訳）(1987)．発生的認識論　評論社)

Posner, G. J., Strike, K. A., Hewson, P. W., & Gertzog, W. A. (1982). Accommodation of a scientific conception: Toward a theory of conceptual change. *Science Education, 66*, 211-227.

佐伯　胖（1997)．新・コンピューターと教育　岩波書店

Schoenfeld, A. H. (1985). *Mathematical problem solving.* New York: Academic Press.

Spelke, E. S. (1991). Physical knowledge in infancy. In S. Carey & R. Gelman (Eds.), *Epigenesis of mind: Essays on biology and knowledge*（pp.133-169). Hillsdale, NJ: Erlbaum.

鈴木克明（2005)．教育・学習のモデルと ICT 利用の展望：教授設計理論の視座から　教育システム情報学会誌, *22*（1), 42-53.

Vosniadou, S., & Brewer, W. F. (1989). *The concept of the earth's shape: A study of con-*

ceptual change in childhood. Unpublished paper.

Vygotsky, L. S.(1934). Мышление и Речь.（柴田義松（訳）(1962). 思考と言語（上・下）明治図書）

Wellman, H. M.(1990). *The child's theory of mind.* Cambridge, MA: MIT Press.

Wertsch, J. V., & Hickmann, M.(1987). Problem solving in social interaction: A microgenetic analysis. In M. Hickman（Ed.）, *Social and functional approaches to language and thought*（pp.251-266）. Orlando, FL: Academic Press.

湯澤正通（1998）．認知心理学からみた理科学習への提言　北大路書房

コラム5　21世紀型スキルを育むための観点—子どもの数理認識

　近年，情報通信技術，人工知能などの科学技術の急速な発展に伴って，教育現場は，変革期を迎えている。国立教育政策研究所は，21世紀を生き抜くための資質・能力，いわゆる21世紀型スキルとして，基礎力・思考力・実践力を位置づけ，構造的に捉え直している。算数教育では，これらの力を育むことが以前より目指され，算数的活動や問題解決学習などの子どもが主体的に学ぶ授業が，あらためて価値づけられたと考えられる。

　では，21世紀型スキルを育む，より良い算数の授業を行うためには，教師には，どんな知識が必要であろうか。それは，教育内容（数学）の体系的な知識と，学習前後の子どもの数理認識の知識である。それらの知識が，子どもが主体的に学ぶ教材や手立てを柔軟に選択することに繋がるのである。たとえば，算数の教科書には，吹き出しに複数の考え方（数理認識）が記載されている。それらは，誤認識も含む学習前の素朴な数理認識や，学習をとおして気づかせたい考え方が挙げられている。教師は，その教科書の記述の意図を理解し，数理認識を発展させる授業を考案することが望ましい。啓林館出版（2014）の第2学年「三角形と四角形」の単元では，曲線を含む図形やすき間の開いた図形なども提示され，吹き出しには，「3本の直線でかこまれているから三角形です」「かこまれていないから三角形ではありません」と記載されている。このような子どもが誤って三角形であると認識してしまう図形を理解していることで，子どもの発言の意図を把握し，図形の定義をより深く思考させる授業が可能となるのである。

　さらに，子どもの数理認識の知見を紹介し，教育課題の改善のために数理認識を研究することの価値を述べたい。たとえば，$x+5=8$，$x-7=2$，といった方程式は，何年生くらいから解くことができるであろうか。太田・守屋（2014）では，この問いに答えるために，2012年12月，私立小学校の第1学年33名を対象に，方程式（扱う数を簡単な整数に設定）についての認識調査を行った。調査の結果，平均正答率86.9％と高い正答率となり，しかも，□を使った式と，Aやxを使った式の正答率の間に差がないことを明らかにした。つまり，第1学年であっても，文字（xやy）の容器性を理解し，方程式の解を求めることが可能であるといえる。この知見を活かすならば，低学年より方程式の考え方に慣れ親しませることは，中学校の教育課題である方程式・連立方程式へのつまずきを改善する一助となろう。

　以上のように，21世紀型スキルを育むことを意図する授業では，教師が子どもの数理認識に対する観点をもった上で，子どもの主体的な学習を考案し，実践する技術を高めることが必要である。未来を生きる子どものために，自ら主体的に学ぶ教師が求められる。

（太田直樹）

国立教育政策研究所　（2016）．国研ライブラリー　資質・能力［理論編］　東洋館出版社
清水静海他58名　（2014）．わくわくさんすう2下（pp.40–44）　啓林館出版
太田直樹・守屋誠司（2014）．代数カリキュラムの開発と教育実践による検証　数学教育学会誌, 55（3・4），119–132.

第7章 参加による学習
多様な顕れをする「知」の教育を目指して

1. 現代の「教育」を問う議論の問題点

(1) 知識詰め込み型教育の問題点

　文部科学省が生きる力を育てるカリキュラムを想定したゆとり教育への批判とその見直しが唱えられて久しい。そもそも生きる力が日本における教育の目的の1つとして据えられたのは，従来の教育を知識詰め込み型教育であるとする見方にもとづいている。しかし，知識詰め込み型教育の問題点とはいったい何か。この問題の本質を捉えるためには，「教育」そのものの枠組み自体をより広く問題対象としなければならない。本章では，「教育」における「知」の想定そのものを，知能，学習，理解，参加，体験という視点から問い直してみる。

　知識詰め込み型教育の問題点は現在の学校制度の基盤となっている近代教育の問題として説明することができる。1つは，知識詰め込み型教育は子どもたちに「**学校化された知（学校知）**」を提供する営みであるという問題点である。誤解されがちであるが，知識詰め込み型教育への批判は，教育において「知識」を教えることがよくないであるとか「知識」が不要であるとかいった主張ではない。それは実際には，子どもたちに提供される「知識」の質そのものをより適切なものとする必要があるという主張であり，教育における「知識」の重要性を改めて問い直そうという主張なのである。

　たとえば，イリイチ（I. Illich）は『脱学校の社会』（Illich, 1971 東・小澤訳 1977）のなかで，高度に制度化された学校の価値観が，結果的に社会全体の価値観を覆い尽くすと批判した。これは，知識詰め込み型教育における「学校知」が社会における「知」そのものとしてとみなされることを意味する。この

「学校知」とは，①細分化された個別の要素としての知識（**要素還元的知識**），②個別の経験や状況と切り離され一般化された知識（**普遍主義的知識**），③「個人」のなかに蓄積可能であるとみなす「『ポータブル』化された知識」である。このような形のものだけが「知識」であるとみなされると，身体や状況と結びついた知識や協働で発揮される知識等は「知識」ではないとみなされるようになってしまう。ここに，「学校知」のみを教える教育がもつ危険性がある。

　知識詰め込み型教育のもう1つの問題点は，子どもたちを受け身の存在にする点である。フレイレ（P. Freire）が「**銀行型教育**」として批判した（Freire, 2005 三砂訳 2011）のは，子どもたちがあたかも貯金をするかのように，情報としての知識を蓄積させていく教育のあり方である。この「銀行型教育」の過程が進めば進むほど，子どもたちは蓄積される知識に対する批判的視点を失い，それを創造する主体となる道を自分から閉ざしていくことになる。それは，学校教育段階のみならず，生涯をとおして外部から与えられる価値観に従属する受け身な存在を生み出すことに他ならない。結果として，知識詰め込み型教育は子どもたちをいずれ「知識」そのものを創り出す存在へと導くことを阻害することになる。

（2）生きる力を育てる教育の問題点

　それでは，生きる力を育てるカリキュラムにもとづくゆとり教育が批判された理由は何だろうか。この点については，当の教育で育てようとした「学力」観とそれを測定する方法との間にズレがあったことや，生きる力と「学力」観とを架橋する教育方法・評価の確立が不十分であったことなど，様々な説明が可能である（詳しくは第8章を参照）。しかし，教育における「知識」の観点から考えてみると，ゆとり教育は，少なくとも現時点においては，知識詰め込み型教育と同様の「知識」の想定に陥っていた点に問題がある。

　第一に，生きる力を育てるカリキュラムは知識詰め込み型教育を批判し，「生活科」や「総合的な学習の時間」をとおして個々人の体験や相互作用を重視する教育を目指した。その試みは，一方では言語偏重主義・暗記主義の教育への明確な批判となり得たが，他方では偏った体験主義の傾向を推進する結果となった。ここには，「知識」と「体験」とを相反するものとみなす見方がある（たとえば，「知識ではなく体験が大事だ」というように）。その結果，

「生きる力」を育てるカリキュラムとしてのゆとり教育は「知識」を軽視する教育であるという誤解を免れなかったのである。

　第二に，ゆとり教育において子どもたちの「自ら考え思考する力」・「自主性」・「主体性」を重視したことが，教師が子どもたちに積極的に「教える」ことを抑制するメッセージとして受け取られた点である。ここには，教師の「教える」営みと子どもたちの自主的・主体的な学習とを相反するものとしてみなす見方がある。これは，子どもたちを受け身にして固定された情報としての知識を蓄積させていくことが「教える」営みであるとする知識詰め込み型教育の「教える」観そのものである。子どもの自主的・主体的な学習と相反するものとしての「教える」観を保持し続ける限り，生きる力を育てる教育は「教えない教育」に向かい，結果として**放任型教育**としての誤解を受けたのである。

　以上のようにみてくると，知識詰め込み型教育と生きる力を育てる教育の問題点は，ともに，①「知識」と「体験」とを対立させる「知識」観，②「教える」と「学ぶ（学習する）」とを分断させる「教える」観にあることが分かる（図7-1）。体験と切り離された言語を教師が教えるのが知識詰め込み型教育（第1象限）であり，逆に，知識と切り離された体験をとおして生徒が放任的に学ぶのがゆとり教育（第3象限）ということになる。

　図7-1にもとづくならば，知識詰め込み型教育か生きる力を育てる教育（ゆとり教育）かという問題は，古典的な「知識」観・「教える」観という同じ図式内での揺れ動きにすぎない。それゆえに，両者は一見すると異なる教育を主張する論争のようにみえても，実際には「振り子運動」に代表される閉じた

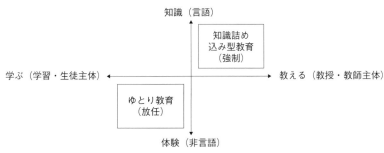

図7-1　**古典的な「知識」観・「教える」観**（筆者作成）

議論となりがちである。いかにして，この閉じた議論を超えて，教育現実をより適切なものへと変革し得る「知」の教育を構築することができるだろうか。以下，心理学，認知科学，教育哲学領域における「知」の捉え直しの議論をみていこう。

2．「参加による学習」と「知」の理論

(1) 多重知能理論——多様な顕れとしての「知能」

　心理学者であるガードナー（H. Gardner）は，人間の知能を1つの側面に限定して測定可能なものとみなす古典的な知能観を批判し，**多重知能理論**（Multiple Intelligences, コラム1参照）を提唱した（Gardner, 1999）。

　ガードナーは，特に西洋社会が「知性ある人」（intelligent person）を理想の人間像として捉える傾向があることを指摘した上で，その理想がどんな特性をもつのかは時代や状況によって左右されると述べた（Gardner, 1999）。そして，20世紀初頭に確立された「**知能指数（IQ）**」テストとそれに対する過度の信奉によって，人間の「知能」が単一に測定可能なものとしてみなされることの危険性を指摘したのである。

　ガードナーによれば，人間の「知能」を単一に測定可能なものとしてみなすことの危険性は主として三点ある。第一に，単一の基準で「知性」を測定可能とみなすことは，それによって「知能」を「高い－低い」と順番づけることを可能にする。言い換えればそれは，人間を全面的に「賢い」か「愚か」かに分類することでもある。そして第二に，単一の基準による「知能」の測定は，明確な数値として人々を分類する機能を必然的にもつがゆえに，人種，階級，性別といったカテゴリーと「知能」との関連性を固定化する傾向をもつ。さらには，単一の基準によって数値化された「知能」が，犯罪，貧困，障がいといった社会的諸事象と関連づけられる際には，それがあたかも当の事象を説明する客観的かつ中立的な指標であるかのようにみなされる危険性さえあるという（ガードナーはこのタイプの議論がもつ特徴を「修辞的誘導」としてその暗黙の示唆性を警告している（Gardner, 1999））。

　そして，特に教育にとって最も問題となるのが第三の危険性である。それは，

単一の基準によって数値化される「知能」の見方によって，実際には人間がもつ「非常に大切な一連のスキルと能力」のほとんどが無視されてしまう点である。たとえば，ガードナーはゴールマン（D. Goleman）の「**EQ（感情的知能）**」に関する主張に着目する（Gardner, 1999）。EQ の観点に立てば，従来の IQ を指標として測定される人間の「知性」の見方のなかでは，「自分の感情生活に気づくこと」や「他人の感情を理解すること」，「他人といっしょに働けること」，そして「他人に共感を抱くこと」などの能力が排除されていることが明らかになるのである。

　以上の問題意識にもとづき，ガードナーは，「知能」を①言語的知能，②論理数学的知能，③音楽的知能，④身体運動的知能，⑤空間的知能，⑥対人的知能，⑦内省的知能の7つに分類する（後に，⑧博物学的知能を加えて8つとされることが多くなった）。本章ではこれらの詳細には立ち入らないが（コラム1を参照），ここで着目したいのは，多重知能の理論によってガードナーが「知能」の定義を拡大することを明確に意図している点である。ガードナーによる「知能」の定義を以下に引用する。

　　情報を処理する生物心理学的な潜在能力であって，ある文化で価値のある問題を解決したり成果を創造したりするような，文化的な場面で活性化されることができるもの（Gardner, 1999　松村訳　2001, pp.46-47）

　つまり，ガードナーの理論が示す「知能」「知性」「認知」は，様々な「文化的な場面」と不可分であり，極めて多様な顕れをするものとしてみなされる。そこでガードナーは，「知能」の視点と，優れた画家，作家，音楽家，ダンサーといった芸術家の認知や思考のパターンとを結びつける必要性を強調する。これは，優れた「知能」の顕れ方が一種類しかない，とする見方への挑戦でもある。たとえば，高い「知能」のはたらきは，難しい数式を解いたり数多くの年号を覚えたりすることだけに顕れるのではなく，時には優れたスポーツ選手の動きとして，人の心を揺さぶる演奏家の技術として，人を気遣う言葉かけのなかにさえ顕れているのかもしれない。私たちはいろいろな場面で多様な顕れ方をする「知能」を捉える視点を必要としている，といえよう。

（2）正統的周辺参加—アイデンティティの変容としての「学習」

それでは，いろいろな場面で多様な顕れ方をするような「知」はどのように育まれるのだろうか。この問いに明確な手がかりを与えてくれるのが，レイブとウェンガー（J. Lave & E. Wenger）の「**正統的周辺参加**」（Legitimate Peripheral Participation: LPP）の理論である（第6章第3節も参照）。

レイブとウェンガーが研究の対象とした事例は「徒弟制」と呼ばれる特定の実践を共有する共同体である。その種類は産婆，仕立屋，操舵手等と様々であるが，そこには次のような共通する特徴がある。第一の特徴は，そうした共同体には独自の歴史，技術，発展する仕事の活動，経歴がある点である。第二の特徴はこれらの共同体が新参者と古参者（初学者と熟練者）とによって構成されている点である。そして第三の特徴は，この共同体における学びが「実践内学習」（Learning in practice）によってなされる点である。

レイブとウェンガーは，「徒弟制」に特有の学習の顕れを「状況的学習」「**状況に埋め込まれた学習**」（Situated Learning）として理論化する。それは，「たんに人々の思考や行為が時間・空間内に位置づけられている」ことを意味するだけではない。特定の時間や空間に一回限りのものとして起こる学習という点が重要なのではなく，そこで得られる「知識」や「学習」そのものが「状況性（状況に埋め込まれた性質）」を本来的にもつ，というのがレイブとウェンガーの主張である。すなわち，「知識」や「学習」は「それぞれに関係的」であり，「意味」は「交渉」（negotiation）をとおして作られ，「学習活動」は，「そこに関与した人びとによって関心を持たれた」ものとして説明される（Lave & Wenger, 1991 佐伯訳 1993, p. 7）。たとえば，ベテランの教師が行う授業のなかでは，しばしば指導案にはない即興的な言葉かけや働きかけが起こることがある。それは，その授業に参加する教師や子どもたちのやりとりや関係性によって生み出され，そこで教えられている内容そのものの質や価値づけにさえ影響を及ぼす。たとえば「先生の授業は分かりやすい」と子どもたちが感じるとき，その「分かる」は関心の共有につながる状況的学習の成果ともいえる。

こうした「状況的学習」「状況に埋め込まれた学習」は，古典的な知識観・教育観にもとづく「体験重視の学習」とは大いに異なっている。なぜなら，そこには上述のような「知識」それ自体の捉え直しが伴っているからである。レ

イブとウェンガーによれば，「状況性」の概念化は，従来の「現場の学習」（learning in situ）や「為すことによる学習」（learning by doing）よりも，さらに包括的な概念化を意図している（Lave & Wenger, 1991 佐伯訳 1993, p.4）。端的にいえば，過剰な「体験重視の学習」は知識と体験（為すこと）とを分離した上で単に「為す」ことを強調するような，いわば思考停止と同一視される危険性のある言説である。これに対して「状況的学習」「状況に埋め込まれた学習」の場合は，「為す」ことをとおした「知識」「学習」の存在という新たな「思考」の様式を提案しているのである。

　さらにレイブとウェンガーは，「状況的学習」を「正統的周辺参加」としての学習へと分析の視点を発展させる。「正統的周辺参加」としての学習とは，実践共同体において，当初は周辺的参加者である新参者が「十全的参加」（full participation）へと変容する過程——学習者自身のアイデンティティの変容の過程——として説明される。この場合の「学習」は，個人の中での特定の知識や技能が増加（内化）する過程ではなく，「実践共同体への参加の度合」が増加する過程である。つまり，学習者は学習をすればするほどより深く豊かに実践共同体に参加していく，という「学習＝参加」の形が示されている（第6章を参照）。

　しかし，ここで注意が必要な点が2つある。1つは，レイブとウェンガーによる「学習＝参加」の理論は，単に何らかの共同体に所属したり活動したりすることを「参加」とみなすのではない点である。「十全的参加」への変容過程は，共同体の中で自動的に進行するものではない。それは，学習者自身がもつ「十全的参加」への向心性（共同体における卓越者や熟達者のように自分もなりたいと思う傾向性）によって初めて可能になる。そして，その向心性はその共同体に特有の関係性・状況性によって促され誘導されるのである。

　もう1つは，「正統的周辺参加」の理論は，実践共同体における言語行為を排除したり軽視したりするものではなく，むしろそこで言語行為が果たす独自の機能への注目を促す点である。確かに「正統的周辺参加」の理論は，「言語による説明」が「実演」に勝るとする見方を強く批判してはいる。しかしそれは，当該の実践，つまり「学習」のなかで言語のもつ役割や機能を軽くみてよいという意味ではない。レイブとウェンガーにとっては，実践共同体における

言語行為は実践を記録したり表現するための手段ではなく，言語行為それ自体が「社会的また文化的実践」や「学習」の実践そのものであり，「世界で行為するための一手段」なのである（Lave & Wenger, 1991 佐伯訳 1993, pp.17-18）。

（3）「わざ」言語による学び―「感覚の共有」としての「知識」

さらに，「参加による学習」における言語の特徴に着目するとき，生田久美子の「わざ言語」理論が新たな展望を開いてくれる。生田は，レイブとウェンガーと同様に「徒弟制」――主としての日本の伝統芸能や職人の「わざ」の伝承過程――における学びの過程がもつ特徴に着目し，そのなかで使用される言語をとおした「教える−学ぶ」関係がもつ役割や機能の重要性を指摘している。

生田が第一に指摘するのは，「わざ」の習得プロセスにおいて「言語」が不可欠な役割を果たしている点，そして当の言語が「記述言語，科学言語とは異なる比喩的な表現」を有している点である（生田, 2007, p.93）。たとえば日本舞踊の教授場面では，右手の角度が何度といった指示ではなく，「天から舞い降りる雪を受ける」などの表現をとおした指示がなされる。それは，学習者が「言われる通りにする」ための一対一対応の指示ではなく，学習者自身が教授者である師匠の「わざ」の感覚をもつように「しむける」，あるいは「学習者自らが探っていくように誘う」ための言語である（生田・北村, 2011, pp.28-29）。

第二に生田は，「わざ」の習得プロセスには「教える−学ぶ」の相補的な関係があることを指摘する。しばしば「芸は盗むもの」といわれるように，日本の伝統芸能の伝承場面において，師匠は細々とした指示をせずに，学習者である弟子は師匠の「わざ」を自ら**模倣**することで身につけていく（第3章第4節（2）も参照）。それは一見すると「教えない」「無意図的な」過程であるかのようであるが，生田はむしろそこに「強烈な意図性」があると指摘する（生田, 2007, p.181）。つまり，師匠は自らの「わざ」を実演する，弟子に対する細かな指示を言わない，比喩的な表現で指示や評価を行うという独自の様式で「教えている」のである。

生田による「わざ」言語，および「わざ」の伝承過程がもつ「教える」様式への着目は，「参加による学習」における「知識」が「感覚の共有に基づく言

語・体験」を意味し，相補的な教える−学ぶ関係に基づいていることを明確に示している。それは，従来の「知識」観では「言語」そのものが記述的・科学的な言語に限定されてきた（矮小化されてきた）ために見落とされてきた，「身体や感覚と結びついた言語」による学習がもつ重要性を強調する。それゆえに，「わざ」言語に着目することは，「参加による学習」における「言語」がもつ豊かさをあらためて浮かび上がらせるのである。

3．「参加による学習」における「知」—「行為としての知」

それでは，「参加による学習」と「知」についての諸理論から得られた手がかりを，教育理論や実践においてどのように活かすことができるだろうか。確かに，レイブとウェンガーは特定の実践共同体に着目し生田は伝統芸能の世界に焦点を当てている。しかし，そこから得られる「参加による学習」や「知」のあり方は，特定の領域に限定されるものでは決してない。多重知能，正統的周辺参加，「わざ」言語の理論が示す「参加による学習」という「学習」や「知」の形は，あらゆる種類の教育や学習の活動に存在し得る実践の１つの特徴なのである。この意味において「参加による学習」は特別で珍しい体験や活動の内容に限定されない。むしろ逆に，日常的な教室や授業における「教育」や「学習」のなかに生起している「参加による学習」の顕れを適切に捉えることやそれをより活発に生起させていくことに，今後の課題と展望がある。それゆえに教師は，「参加による学習」における学習者の「知」の獲得，つまり成長や熟達の過程を適切に捉えることが必要となる。

たとえば，イギリスの哲学者ライル（G. Ryle）は，心の動き（思考）と身体の動き（行為）とを分けて考える見方である「**心身二元論**」を「**機械のなかの幽霊**」（Ghost in the Machine）として批判した。ライルによれば，人間が真に理知的な状態（intelligence）では，心の中で言語化してからその後で行為をする，という二種類の営みが行われるのではなく，行為それ自体が理知性の顕れであるという。同様に，ショーン（D. A. Schön）は，卓越した専門家は，単に個別の技術や断片化された知識を現実に当てはめているのではなく，行為することそのものが向上のための思考であるとし，それを「**省察**」（reflection）

と呼ぶ。

　こうしたライルやショーンの主張は,「考え̇な̇が̇ら̇行為する」「行為すると̇同̇
時̇に̇考̇え̇る̇」といった,2つのことが同じ時間と場所で為される必要があると
いう提案ではない。そうではなく,「行為することが考えること」であるよう
な,古典的な枠組みでは捉えられなかった「知」の様態の提案なのである（コ
ラム10も参照）。

　さらに,「参加による学習」における「知」は,多様な顕れをするからと
いって,いわゆる「基礎・基本」と対立するものではない。生田は,「わざ」
の伝承における表面的な動きのみを真似る「形」の習得と,動きがもつ価値や
意味をも含む「型」の習得とを明確に区別した上で,「型」の獲得が個々の学
習者の創造的なわざの進展に不可欠であると指摘する。学習者は初期にはこの
「型」の習得に多くの時間と労力を費やす。一方でこの「型」の習得は積み重
なり,平易な事柄からより高度な事柄へと量的にも質的にも段階的に伸長して
いく。そして他方で,「型」を破ったり離れたりするような学習者のオリジナ
ルともいうべき多様な「わざ」（=「行為としての知」）の発現がなされるよう
になる。生田はハワード（V. Howard）の理論を援用し,これを Task と
Achievement の関係として説明している（図7-2）。

　たとえば伝統芸能の世界では,始めの段階は決められた「型」を忠実に真似

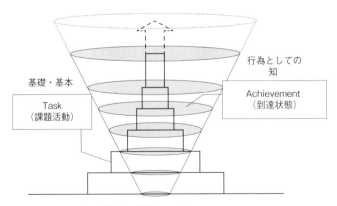

図7-2　多様な顕れをする「知」の学習における
　　　　基礎（Task）と卓越性（Achievement）の関係（生田・北村,2011,一部改変）

ていく「守」の段階がある。これを基礎・基本となる Task としてみなすと，その「課題活動」は段階的であり，量的な蓄積として可視化できる。そして，その「型」を「破」ったり「離」れたりする段階を Achievement としてみなすと，それは「到達状態」であり，多様な広がりをもつもの，新しく創造されるものである。この創造性があればこそ，弟子が師匠を超えることが可能（な場合もある）といえよう。

　こうした顕れの多様さは，学習の結果によって明確に拡大する。この拡大の過程は，「多重知能」でいえば多様な知が複合する過程であり，「正統的周辺参加」でいえば「十全な参加者」への過程であり，「わざ」の伝承においては新たな「わざ」の創出へと至る過程である。古典的な「知識」観・「教える」観の問題は，この Achievement としての「知」の顕れを見過ごし Task の蓄積のみを学習者の成長とみなしたこと，または，Task の蓄積と Achievement の拡大を混乱して捉えた点にある。教師が「基礎・基本の確立」か「自由な創造の伸長」かという対立的な捉え方を超えて，それぞれの特徴を踏まえた上で「参加による学習」を生起させ捉える視点と技法とをもちえたとき，その指導も視点もより豊かな教授・学習活動を子どもたちに提供し得るような，ともに参加し合う場を構築し得るのである。

（尾崎博美）

引用文献

Freire, P. (2005). *Pedagogia do oprimido* (46th ed.). Rio de Janeiro: Paz e Terra.（三砂ちづる（訳）(2011). 被抑圧者の教育学─新訳　亜紀書房）

Gardner, H. (1999). *Intelligence reframed: Multiple intelligences for the 21st century*. New York: Basic Books.（松村暢隆（訳）(2001). MI：個性を生かす多重知能の理論　新曜社）

Howard, V. A. (1982). *Artistry: The work of Artists*. Indianapolis, IN: Hackett Publishing Company.

Illich, I. (1971). *The deschooling society*. New York: Harper & Row.（東　洋・小澤周三（訳）(1977). 脱学校の社会　東京創元社）

生田久美子 (2007).（新装版）コレクション認知科学6「わざ」から知る　東京大学出版会

生田久美子・北村勝朗（編著）(2011). わざ言語─感覚の共有を通しての「学び」　慶應義塾大学出版会

Lave, J., & Wenger, E.（1991）. *Situated learning: Legitimate peripheral participation.* Cambridge, UK: Cambridge University Press.（佐伯　胖（訳）（1993）．状況に埋め込まれた学習―正統的周辺参加　産業図書）

Schön, D. A.（1983）. *The reflective practitioner: How professionals think in action.* New York: Basic Books.（佐藤　学・秋田喜代美（訳）（2001）．専門家の知恵―反省的実践家は行為しながら考える　ゆみる出版）

コラム 6　プロジェクト型教育実践の意義と課題

　近年,「プロジェクト活動」「プロジェクト学習」といったプロジェクト型の教育実践への関心が国内外で高まっている。「プロジェクト」の名を冠する教育実践の起源は,一般的には,20世紀初頭,アメリカの進歩主義教育運動にあるとされる。特に,デューイ (J. Dewey) の教育思想や「プロジェクト・メソッド」という論文をまとめたキルパトリック (W. H. Kilpatrick) の構想が有名である。キルパトリックは,プロジェクトを,「社会的環境の中で展開される全精神を打ち込んだ目的ある活動」(Kilpatrick, 1918) と定義している。つまり,プロジェクト型教育実践は,単なる知識・技能の蓄積ではなく,子どもたちの興味・関心にもとづく,共同的な問題解決的学習といえる。

　近年のプロジェクト型教育実践の広がりに対し,戦後,プロジェクト型教育に積極的に取り組んできたドイツでは,「プロジェクト」概念の「インフレーションの危機」を指摘する声もある (Gudjons, 2008)。たとえば,料理教室のような実践も「プロジェクト」と呼ぶことは,プロジェクトを,専ら子どもの「自然な」興味にもとづく活動や,単に何かをつくる活動,あるいは,問題解決の技術に縮小して捉えているという (渡邉, 2013)。確かに,デューイの教育思想に遡ってみると,プロジェクトには,子どもの興味関心を喚起し,かつ,子どもの生活にとって有益なものという特徴や,子どもの知性の更新に寄与し,教師と子どもがともに可変的・持続的に計画立案を行うといった特徴がある (田中・橋本, 2012)。したがって,他者と協力して作品をつくるだけ,あるいは,教師の働きかけなしに子どもに好きなことをやらせるだけの活動は,「プロジェクト」というには不十分である。

　プロジェクト型の教育実践は,日本では主に教科横断的・総合的な探究活動を行う「総合的な学習の時間」との関係で注目されている。そうした子ども主体の探究的学習においても,子どもの興味・関心をふまえつつ,子どもたちにとって意味のあるテーマを提示したり,問題解決に必要な情報を提供したりするといった,積極的な教師の働きかけが不可欠である。

〔渡邉眞依子〕

Kilpatrick, W. H. (1918). The project method. *Teachers College Record, 19* (4), 319-335.(市村尚久 (訳) (1967). プロジェクト法　明玄書房)
Gudjons, H. (2008). *Handlungsorientiert Lehren und Lernen: Schüleraktivierung Selbsttätigkeit Projektarbeit* (7 th ed.). Klinkhardt: Bad Heilbrunn.
田中智志・橋本美保 (2012). プロジェクト活動―知と生を結ぶ学び　東京大学出版会
渡邉眞依子 (2013). 子どもとともに創る授業―ドイツをとおしてみる　久田敏彦 (監修)　ドイツ教授学研究会 (編)　PISA 後の教育をどうとらえるか (pp.83-110)　八千代出版

第8章　誰のための学習指導・評価か？

1．教育評価の目的からみた学習評価の位置づけ

　教育評価は，教師にとって，児童・生徒の学習や生活に関わる指導，支援を行う際の判断や決定のために，必要な情報を収集して活用する教育的営みである。教育評価の目的は，多岐にわたるが，およそ「指導目的」「学習目的」「管理目的」「研究目的」の4つに分類することができる。

　指導目的とは，教師が，指導・支援を行うために必要な情報を得ることをさす。児童・生徒の既習学習や生活実態に関わるテストや調査の使用は，この例である。

　学習目的とは，教師が，テストや調査を実施することにより，児童・生徒自身に，自らの学習や生活の実態を認識させるとともに，それらの改善に資する具体的な目標や方法，さらには成果に関わる意識をもたせることをさす。テストや調査の結果を，児童・生徒に自己評価させ，学習や生活の改善に結びつけさせようとする点が，特徴である。この学習目的で行われる教育評価は，概して**学習評価**と呼ばれ，「『子供たちにどういった力が身に付いたか』という学習の成果を的確に捉え，教員が指導の改善を図るとともに，子供たち自身が自らの学びを振り返って次の学びに向かうことができるようにするために（中略），教育課程や学習・指導方法の改善と一貫性を持った形で改善を進めること」が求められている（中央教育審議会，2016）。そこで，本章では，今日の教育評価の目的の主軸に位置づいている学習評価の機能に焦点を当て，学習指導・評価の具体的な内容と方法について解説する。

　管理目的とは，教師が，合否や進級の判定，学級編成のために必要な情報を得ることをさす。この評価は，序列づけという見方をもたらすこともあるが，

本来の目的は，指導の効果を最大にするために，学級や学校の管理・運営に役立てることである。

　研究目的とは，教師が，学習指導の内容や方法の改善のために必要な情報を得る目的をさす。教育課程の改善に及ぶ点が，特徴である。教育課程とは，「学校教育の目的や目標を達成するために，教育の内容を子供の心身の発達に応じ，授業時数との関連において総合的に組織した学校の教育計画」（文部科学省，2015）であり，その編成主体は各学校とされている。また，今日，それぞれの学校には，子どもたちの姿や地域の実情等をふまえて，学校独自の教育目標を実現するために，学習指導要領等にもとづきどのような教育課程を編成し，それをどのように実施し評価，改善に結びつけていくのかといった「カリキュラム・マネジメント」の確立が求められている。

2．学習評価の時期とキジュン

(1) 学習評価の時期

　学習評価を，評価の実施時期から分類すると，およそ，指導前に行う**診断的評価**，指導過程で行う**形成的評価**，指導後に行う**総括的評価**の3つに分けることができる（Bloom et al., 1971）。

　診断的評価は，学年や学期のはじめ，あるいは単元のはじめに，児童・生徒の学習状況を把握するとともに，状況に応じた学習指導方法を決定するために実施される評価である。形成的評価は，学習指導の過程において行われる評価で，毎時間あるいは数時間ごとに実施される。評価時点での学習状況や到達度を，教師が児童・生徒にフィードバックしたり，実態に応じて学習指導方法を修正したりするために用いられる。総括的評価は，単元，学期，学年が終わった時点で，学習成果を確認したり，学習指導方法を反省し，改善に役立てたりするために実施される評価である。通知表や指導要録の作成に当たっては，この評価の結果が影響を及ぼす傾向が強くなる。

(2) 学習評価のキジュン

　学習評価のキジュンには，**規準**（ノリジュン）と**基準**（モトジュン）の2種

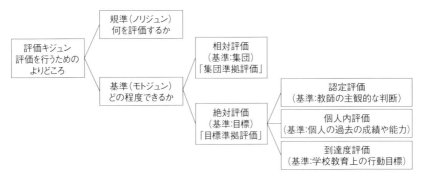

図 8-1　評価キジュンにもとづく評価の分類図 (山田, 2006を参考に作成)

類がある。規準とは,「何を評価するのか」という対象となる目標のことである。たとえば,小学2年の「かけ算」の単元であれば,「1位数と1位数との乗法の計算が確実にできる」といったものが技能面の評価規準となる(国立教育政策研究所,2011)。一方,基準は,もっと具体的に「どの程度であるか」を表すものであり,規準を量的・段階的に示したものである。たとえば,「分数のかけ算の計算の問題が8割正解できたら合格」といった合格点の設定がこれに相当する(山田,2006)。

図8-1は,評価キジュンにもとづく評価の分類図である。図に示されるとおり,基準のあり方によって,評価は**相対評価**と**絶対評価**に分類される。

相対評価とは,学級や学年,さらには学校や地域,全国といった集団を基準として行う評価を指す。具体的には,個人の成績を集団の相対的順位から捉える評価であり,正規分布曲線を仮定した比率が基準として使用される。5段階評定の場合には,上位7%の者が「5」,続く24%が「4」,次の38%が「3」,その次の24%が「2」,最後の7%が「1」となる。

絶対評価とは,何らかの絶対的な基準に照らし合わせて行う評価を指す。絶対的な基準のあり方により,さらに認定評価,個人内評価,到達度評価に区別される。認定評価とは,教師の主観的な判断を基準とする評価で,独善的になりやすい評価である。個人内評価は,個人の過去の成績や能力を基準として,その人の継続的な変化を捉えようとする評価である。児童・生徒一人ひとりの学習の進展や発達のあゆみ,得意・不得意,長所・短所を扱うことができるの

が，特徴である。到達度評価は，学校教育活動をとおして，すべての児童・生徒に等しく身につけてほしい具体的な行動目標を基準とし，個人がその目標をどの程度到達したのかを捉えようとする評価である。到達目標を明示することにより，個人の習熟度を見極めることができるのが，特徴である。

3．学習過程を評価する方法

(1) 学力テスト

　評価のための情報を収集する方法をみていこう。代表的なものとしては，学力テストが挙げられる。これは，学期期間中の小テストや，学期末テスト，学年末テスト，入学試験や全国レベルの学力調査まで，幅広く用いられている。学力テストは，特定の教育目標に対する到達度を測る方法であり，テストの形式としては，客観式項目（単純再生法，完成法，真偽法，多枝選択式，組み合わせ法）や記述式項目（論述，問題解決）などがある。

(2) 近年注目されている評価方法

　「総合的な学習の時間」の導入を契機に，各教科で支配的であった学力テスト主導の評価を疑問視する動きがより強まり，「**真正の評価**」論に衆目が集まることとなった（遠藤，2003）。従来の学力テストでは，断片的な知識や技能しか測れないのではないか，社会生活で必要とされる能力は測れないのではないかといった批判が起こり，それに対して，「真正の学習」を通じて生きてはたらく学力を育て，実際の社会的文脈の中ではたらく知識や技能を評価するという「真正の評価」論が生まれた。この「真正の評価」が指摘されることとなった背景には，「知識とは，学習者が，環境と相互作用しながら能動的に構成するものである」と考える，構成主義的学習観（第6章参照）の影響がある（遠藤，2003）。この学習観にもとづく代表的な評価方法として，パフォーマンス評価とポートフォリオ評価が挙げられる。

　パフォーマンス評価　　ある特定の文脈のもとで，様々な知識や技能などを用いて行われる人のふるまいや作品（パフォーマンス）を直接的に評価する方法を，**パフォーマンス評価**という（松下，2007）。パフォーマンス評価は，よ

りリアルな文脈で，様々な知識や技能を総合的に活用して取り組む課題（パフォーマンス課題）を設計し，それに対する活動のプロセスや成果物を評価するものや，授業中の発言や行動，ノートの記述から，学習者の日々の学習活動のプロセスを形成的に評価するものがある。いずれも，学習者が実力を発揮している場面に，評価のタイミングや方法を合わせるのが特徴である（石井，2015）。

　この評価においては，ふるまいや作品の完成度に関わる質的な特徴を，数段階に分けて記述した評価基準表が用いられる。この評価基準表は，**ルーブリック**と呼ばれる。表8-1は，木暮・岸（2005）のプレゼンテーション評価研究で使用されたルーブリックを一部抜粋したものである。これは，縦側に評価観点（規準），横側に評価段階を示し，各段階には言葉で評価基準を設定している。

　評価にあたり，学力テストによる評価でも同様だが，評価方法の妥当性（評価の意図するものが間違いなく測られていること）と信頼性（何度測っても同じ結果がでること）を確保することは，評価を活用する上で重要である。

　パフォーマンス評価を導入する際，パフォーマンス課題は，現実に即した設定となっているか，表面的・断片的な知識だけでは解決できず，現実場面で求められる知識やスキル，判断力を要求する課題となっているかといった妥当性や，その評価方法としてのルーブリックの信頼性（採点者間での一貫性はあるか）を検証していくことが重要である。

　また，ルーブリックによる評価については，規準の選択や段階の設定（基準）の正当性も課題である。たとえば，同じパフォーマンス課題について，まず，教師一人で作成したルーブリックを複数の教師が持ち寄り，評価の観点（規準）や基準を検討して妥当性を検証する。そして，試行としてパフォーマンス課題を実施して多くの学習者の作品を集め，作成したルーブリックで集めた作品の採点を行ってみて信頼性を検証する。また，妥当性については，学習者の意見を聞くこと，信頼性については，相互評価を行った学習者の評価も含めて一貫性を検討することなど，学習者と共同で改善していくことが重要である。教師と学習者が共同でルーブリックを創り上げていく作業は，評価規準・基準が共有化されるばかりでなく，その共有化の過程において，学習者が自己

表8-1　木暮・岸（2005）によるプレゼンテーション評価研究で使用されたルーブリック（岸, 2009）

	No.	観点内容	段階				
			5	4	3	2	1
評価観点	1	一番伝えたい内容は何かはっきりしていた。	一番伝えたい内容が明瞭であり，発表者の意図も理解できる。	一番伝えたい内容が明瞭に理解できる。	一番伝えたい内容が理解できる。	伝えたい内容が曖昧である。	何を伝えたいのか理解できない。
	2	図表や写真の配置や枚数が適切だった。	質の高い図表や写真が効果的に使用されている。分量が十分かつ適切な分量である。	図表や写真が効果的に使用されてあり，適当な分量である。	図表や写真が効果的に使用されている。	図表や写真が使用されているが，分量が不十分（過量）である。	図表や写真の使用されていないことで，内容がわかりにくい。
	3	自分らしさが出ていた。	発表者が自分自身の持ち味を理解しており，そのよさを生かしている。	発表者自身のよさを生かしていて好感が持てる。	発表者らしさが出ていて好感が持てる。	発表者らしさがあまり感じられない。	発表者らしさが感じられず，誰かの請負のような印象を受ける。
	4	資料が吟味され，発表者がその資料について熟知していた。	いくつかの資料から優れたものを選び，その内容について熟知している。	優れた資料を使用しており，資料に書かれていることを熟知している。	内容にあてはまる資料を使用しており，資料の内容について理解している。	資料が用意されているが，発表者が資料の中身について十分に理解しているとはいえない。	資料が用意されているが，説明に役立つ部分が少ない。発表者が資料の中身をよく理解できていない。
	5	結論が明確に伝わるような話の流れ（ストーリー）になっていた。	話の流れがスムーズであり，論理展開に工夫がみられ，結論が明確に伝わる。	話の流れがスムーズであり，結論が明確に伝わる。	話の流れがスムーズであり，結論が何であるか理解できる。	話の流れが停滞する箇所があるため，結論が十分に伝わりにくい。	話の流れが散漫なため，結論がぼやけてしまっている。
	…	……	……	……	……	……	……

評価能力を高める契機となる。

ポートフォリオ評価　　ポートフォリオ評価は，広義にはパフォーマンス評価に含まれる。ポートフォリオとは，児童・生徒が，学習過程においてできるようになったことや努力したこと，成長したことについての証拠となる記録を，系統的に蓄積したものである。具体的には，「児童・生徒による学習成果物や学習過程の記録」「成果物や記録についての児童・生徒による評価履歴」「児童・生徒の成果物や記録についての教師による指導・評価履歴」を，それぞれ児童・生徒と教師が共同してポートフォリオとして蓄積していく。ポートフォリオ評価は，「総合的な学習の時間」等の評価方法として使用されている。

ポートフォリオ評価では，ポートフォリオ作りをとおして，児童・生徒が自らの学習状況を俯瞰し調整することができるようになるといった自己評価能力（第11章第3節の「自己調整学習」参照）の育成が目指される。同時に，児童・生徒同士の相互評価も可能となり，教師は児童・生徒の学習の様相を系統的かつ詳細に把握することができる。さらに，保護者に対する評価についての説明責任や，学習参加を促すこともできるといった，とても意義深い特徴と可能性をもった評価方法である。

（3）授業において学習評価を行う上での留意点

教授・学習過程の研究モデル　　河野（1989）は，図8-2のような教授・学習過程の研究モデルを示している。

この研究モデルの特徴の1つに，教師から学習者に向かう「教示」の矢印が，「**ストラテジー**」と「**スキル**」と「**タクティクス**」の3つの矢で構成されていることが挙げられる。「ストラテジー」とは，教師が授業中に，いつ，どのような学習形態，方法を採用するのかについての教授方略に相当する。「スキル」は，教師と学習者が，円滑にコミュニケーションをするためのコミュニケーション技能に当たる。さらに，「タクティクス」は，学習者が分からないでいること，誤って理解していること，うまくできないでいることを改善するために必要な，学習者の認知的活動を決定する教授術を意味する。

教授・学習過程，いわゆる授業においては，教師が学習者の理解状況を捉えた上で，学習者に最適な認知活動，いわば最適な学習展開を想定し，授業づく

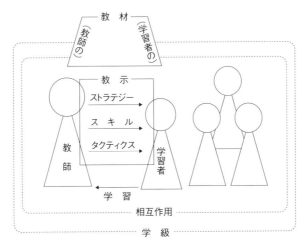

図8-2　**教授・学習過程の研究モデル**（河野, 1989）

りに役立てていくことが，教師の主たる役割となる。

「タクティクス」にもとづく学習指導・評価　学習者の理解状況をふまえて最適な教材を開発し，学習指導・評価をしようとする試みは，主に，学習者のつまずきが多くみられる学習単元，内容においてなされてきた。ここでは，以下，コラム7で扱った台形の学習について取り上げ，学習者の理解状況をふまえた学習指導・評価のあり方について，さらに具体的に考えてみたい。

文部科学省から刊行された「言語活動の充実に関する指導事例集［小学校版］」（文部科学省, 2011）には，台形の面積の公式を導く授業が紹介されている。この指導事例の解説では，「台形の面積の求め方を，言葉や数，式，図を用いて考え説明する」ことの重要性が述べられている。

具体的には，図8-3の（A）に示す台形の面積の求め方についての考えは，求める台形の2倍の面積の平行四辺形をもとに，面積全体を半分にするという意味で，面積公式中の「÷2」を意味づけている。一方，図8-3の（B）に示す面積の求め方の考えは，求める台形を半分の高さで切り，等積変形を行っている。ここでの「÷2」は，等積変形を行ってできた平行四辺形の高さが，もとの台形の高さの半分であることを意味している。

台形の面積公式中の「÷2」の意味づけについては，さらにもう1つ，もと

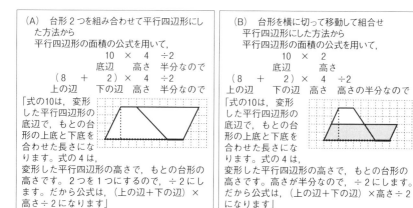

図8-3　2つの台形の面積の求め方 (文部科学省, 2011を改変)

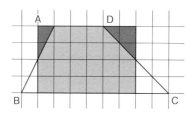

図8-4　長方形に等積変形した台形の面積の求め方 (文部科学省, 2011を改変)

の台形が長方形になるよう等積変形した場合のものがある（図8-4）。等積変形を行ってできた長方形の縦の長さは，もとの台形の高さに等しい。一方で，長方形の横の長さは，もとの台形の上辺と下辺の長さの，ちょうど平均の長さになる。つまり，このような等積変形を行い長方形に帰着する考え方では，「÷2」の意味は，「（上底＋下底）÷2」ということになる。

　台形の面積の求め方については，公式の暗記による理解が，求積課題における正答率を低めている主な原因の1つであると考えられている。公式の意味を理解させた方が，課題の正答率が高まることは，「学習の転移」に関する研究においても明らかである（Bransford et al., 2000）。

　学習者のつまずきが多くみられる学習内容については，数多くの教材研究の成果をふまえた，学習者の理解過程に裏づけられた授業づくりがなされること

が，個に応じた学習指導を実現する上で必要不可欠であるといえる。授業に際しては，公式化を急ぐのではなく，1つ1つの求積方法を式から深く解釈し，納得するまで話し合わせ，学習者らの手で求積方法を導き出す学習を展開することが重要となる。

4．学習者の実態に即した学習指導・評価

　本章のタイトルは，「誰のための学習指導・評価か？」であった。学習指導・評価の担い手は，いうまでもなく教師である。しかし，それは，教師のための学習指導・評価ではなく，学習者のための学習指導・評価であることを述べた。

　具体的には，学習過程を評価する方法として，パフォーマンス評価とポートフォリオ評価を紹介した。これらの評価方法に共通していることは，評価の目的が，学習者の自己評価能力の育成にあることであった。そのため，評価を教師の専有行為とするのではなく，教師と学習者がともに創り上げていく活動であることを説明した。このような新しい評価方法の開発や，自己評価能力の育成といった目標が設定される背景には，1990年代以降（日本では特に2000年代以降）提唱されるようになった，新しい能力観の広まりがある（松下，2010）。その代表的な能力観として，OECD（Organisation for Economic Co-operation and Development, 経済協力開発機構）の提唱した**コンピテンシー**という概念がある（第11章参照）。コンピテンシーの特徴は，知識や技能といった認知的側面だけでなく，興味や態度などの情意的側面や対人関係などの社会的側面も能力に含めていること，単に知っているだけではなく，それを必要な場面で活用できることを含めるなど，能力の中身を広く捉えていることである。これらの特徴は，新学習指導要領に関する答申（中央教育審議会，2016）で示された，子どもに育成したい資質・能力の3つの柱（「何を知っているか，何ができるか（個別の知識・技能）」「知っていること・できることをどう使うか（思考力・判断力・表現力等）」「どのように社会・世界と関わり，より良い人生を送るか（主体的に学びに向かう力，人間性等）」）と，それにもとづいて整理された評価の3つの観点（「知識・技能」「思考・判断・表現」「主体的に学習に取り組む

態度」）にも通じる。このような新しい能力に対応した評価方法として，客観テストでは評価しにくい統合的な能力をどう評価するかという課題が生まれ，パフォーマンス評価やポートフォリオ評価が注目されてきたのである。

　また，算数科の台形の学習内容をもとに，「タクティクス」にもとづく学習指導・評価，いわゆる学習者の理解状況をふまえて最適な教材を開発し，学習を指導・評価しようとする試みについて詳しく紹介した。

　学習評価に取り組む際には，学習者の自己調整学習に係る能力，とりわけ自己評価能力の育成が最終目的であることを念頭に置きつつ，1つに，評価は，問題状況をふまえて，学習者と教師でともに創り上げていくものであること，2つに，評価は，学習者の理解状況をふまえた学習指導を実現する上で必要不可欠な教育的営みであること，3つに，教育目標として設定されるコンピテンシーや3つの学力に限定されない，多様な知の顕れ（コラム1，コラム12，第7章参照）をどう捉えるかという評価の視点から，子どもに育成したい資質・能力として何を目標化するのかという教育目標を問い直していくことも課題であることを強調して，本章のまとめとしたい。

（梶井芳明）

引用文献

Bloom, B., Hastings, J., & Madaus, G. (Eds.) (1971). *Handbook on formative and summative evaluation of student learning.* New York: McGraw-Hill.（梶田叡一・渋谷憲一・藤田恵璽（訳）(1973). 教育評価法ハンドブック―教科学習の形成的評価と総括的評価― 第一法規）

Bransford, J., Brown, A., & Cocing, R. (Eds.) (2000). *How people learn: Brain, mind, experience, and school.* Washington, DC: National Academy Press.（米国学術研究推進会議（編著）　森　敏昭・秋田喜代美（監訳）(2002). 授業を変える―認知心理学のさらなる挑戦― 北大路書房）

中央教育審議会 (2016). 幼稚園，小学校，中学校，高等学校及び特別支援学校の学習指導要領等の改善及び必要な方策等について（答申）Retrieved from http://www.mext.go.jp/b_menu/shingi/chukyo/chukyo0/toushin/_icsFiles/afieldfile/2017/01/10/1380902_0.pdf（2017年1月21日）

遠藤貴広 (2003). G. ウィギンズの教育評価論における「真正性」概念―「真正の評価」論に対する批判を踏まえ― 教育目標・評価学会紀要, *13*, 34-43.

石井英真 (2015). 今求められる学力と学びとは―コンピテンシー・ベースのカリキュラムの光と影― 日本標準

岸　学（2009）．評価と測定　太田信夫（編著）　教育心理学概論（pp.174-186）　放送大学教育振興会

木暮敦子・岸　学（2005）．プレゼンテーション指導における評価項目の検討　日本教育工学会第21回全国大会発表論文集，839-840．

国立教育政策研究所（2011）．評価規準の作成，評価方法等の工夫改善のための参考資料（小学校　算数）　国立教育政策研究所 HP　教育課程研究センター Retrieved from http://www.nier.go.jp/kaihatsu/hyouka/shou/03_sho_sansu.pdf（2017年１月21日）

河野義章（1989）．教授・学習部門『サルの腰掛け』からの脱却をめざして　教育心理学年報，28，104-114．

松下佳代（2007）．パフォーマンス評価─子どもの思考と表現を評価する─　日本標準

松下佳代（2010）．〈新しい能力〉概念と教育─その背景と系譜　松下佳代（編）〈新しい能力〉は教育を変えるか─学力・リテラシー・コンピテンシー（pp.１-42）　ミネルヴァ書房

文部科学省（2011）．言語活動の充実に関する指導事例集［小学校版］　教育出版

文部科学省（2015）．初等中等教育分科会（第100回）配付資料「資料１　教育課程企画特別部会　論点整理『４．学習指導要領等の理念を実現するために必要な方策』」Retrieved from http://www.mext.go.jp/b_menu/shingi/chukyo/chukyo3/siryo/attach/1364319.htm（2017年１月８日）

山田剛史（2006）．教育活動を評価する　河野義章（編著）　教育心理学・新版─教職を目指す人への入門書─（pp.223-244）　川島書店

コラム7　学力調査の活用について考える

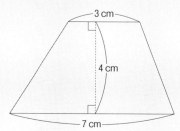

図　台形の面積の求め方についての「算数A」問題（文部科学省，2010）

小学校算数科の学習内容に，「台形の面積の求め方」がある。

左図に示した問題は，2010年度に全国の小学校6年生の児童を対象に実施された全国学力・学習状況調査の「算数A」問題の1つである。正答率は70.4％で，35人学級ではおよそ10人もの児童が，公式の機械的な記憶（暗記）に失敗している実態が明らかとなった。問題に正答するためには，台形の面積を求める公式「(上底＋下底)×高さ÷2」を正確に暗記しておく必要がある。なお，問題には，公式をなす上底と下底，高さ以外に長さは示されていない。

誤答類型からは，「7×4」「3×4」「7×4÷2」「3×4÷2」という，既習の四角形や三角形の面積を求める公式を用いた誤りが6.4％と最も多く，次いで「(3＋7)×4」「3×4＋7×4」といった，「÷2」を含まない式を立てる誤りが6.1％であった。これらの誤りの特徴からは，児童らが，単に暗記した公式を用いて台形の面積を求めようとする傾向が強いこと，すなわち面積の求め方について深い理解が伴わない学習がなされている実態が推察される。

教授・学習心理学に関わる研究成果においても，原理や解法を深く理解しておくことが，他の類題でも知識を使用でき柔軟な課題解決をもたらすこと，いわゆる「学習の転移」を可能とすることが指摘されている（Bransford et al., 2000）。

全国学力・学習状況調査の目的の1つは，「学校における児童・生徒への教育指導の充実や学習状況の改善等に役立てる」ことである。しかし，調査結果を授業改善に役立てるということを，調査で高得点をとれる児童・生徒を育てることと考える教師も少なくない（大倉，2012）。今日，学力調査の活用は，児童・生徒の学習上のつまずきを考慮した授業内容を開発する上で，必要不可欠なのである。　　　　　　　　（梶井芳明）

Bransford, J., Brown, A., & Cocing, R.（Eds.）(2000). *How people learn: Brain, mind, experience, and school.* Washington, DC: National Academy Press.（森　敏昭・秋田喜代美（監訳）(2002). 授業を変える―認知心理学のさらなる挑戦―　北大路書房）

大倉加奈子（2012）.「書くこと」に関する全国学力・学習状況調査結果をどのように指導に役立てるのか？―教師の指導案作成過程に着目して―　平成23年度　東京学芸大学教育学部教育心理学講座卒業論文

第9章　主体的な学びにつながる学習意欲とは？

1．学習意欲が教育課題になる背景

（1）国際調査からみた子どもに育てたい学力と学習観

　大量生産による豊かな社会から高度知識基盤社会へという変動に対応して，日本の学校教育では，「主体的に学ぶ力」の育成が課題となっている。その背景には，子どもに育てたい学力観と学習観の変化がある。

　学力観と学習観の変化を国際学力調査からみてみよう。**IEA**（International Association for the Evaluation of Educational Achievement，国際教育到達度評価学会）が1964年から実施してきた**TIMSS**（Trends in International Mathematics and Science Study，国際数学・理科教育調査）は，参加国の数学・理科のカリキュラムに共通する内容から出題され，その学習到達度を調査するものである。一定の手続きを適用して計算を行って正答を導いたり，選択肢から正答を選んだりする「暗記・再生型」の学習課題が多く，日本の子どもは高い学習到達度を示してきた。**OECD**（経済協力開発機構）が開発し，2000年から実施している学力到達度調査**PISA**（Programme for International Student Assessment, OECD生徒の学習到達度調査）では，一般に読み書き能力とされてきたリテラシーを，高度知識基盤社会における応用的・問題解決能力と捉え直し，読解，数学，科学のリテラシーを測定している。日本は，2003年の調査で読解力と数学で平均点と順位を下げた。低学力層が増え，学力格差が広がったのだ（福田，2006）。この後，日本は，全国学力テストの導入や授業時数の増加など「**脱ゆとり教育**」へ転換した。最近のPISAの結果をみると学力は回復傾向にあるが，**学力格差**は教育課題の1つである（市川ら，2016）[1]。OECDは，さらにDeSeCo（Definition & Selection of Competencies: Theoretical and Conceptual Foundations, コンピテンシーの定義と選択：その理論的・概念的基礎）プロジェクトで**コンピテンシー**という概念を提唱している（第11章参照）。PISAはあくまで紙面上での問題解決力を重視する「理解・思考型」の学習を測定するのに対し，コンピテンシーは，特定の文脈で問題解決を現に成し遂げる力，社会に出て実際に使える能力が目指されており，「協同・創造型」の学習が求められている[2]。

（2）国際調査からみた日本の子どもの学習意欲

学力問題に関連して，学習を支える**学習意欲**の低下と格差の問題がある（苅谷，2001）。学習意欲は，「学びたい」という欲求や「学習を成し遂げよう」とする意志に根ざした「積極的に学ぼうとする心理現象」である（鹿毛，2013）。

PISAは，質問紙で生徒を対象に家庭環境（経済的・社会的・文化的な背景など：以下，**社会階層**とする）と学習意欲を調査している。この調査は毎回，中心分野が変わり，2012年は数学，2015年は科学だった。図9-1，9-2にPISA2012と2015の学習意欲に関する調査結果を示す（国立教育政策研究所，2013，2016; OECD, 2013, 2016）。

主な結果をみておこう。第一に，数学や科学に対する楽しみ，数学や科学の問題を解く自分の能力に対する自信（自己効力感）などの結果をみると，日本の生徒の学習意欲はOECD平均より低い。「数学または科学を学ぶことが自分の将来につながる」といった道具的動機づけは，科学に対しては高まっているが，数学についてはOECD平均より低い。第二に，2012年の数学の学習に対する不安は，OECD加盟国中3番目の高さで，約70％の生徒が数学の授業についていけないのではないか，数学でひどい成績をとるのではないかと心配になると答えている。近年，教育で注目を集めるフィンランドやオランダの2012

---

[1] PISA2015の結果（OECD, 2016），日本の社会経済的に恵まれた生徒は恵まれない生徒に比べて科学的リテラシーで42点高い得点を獲得しており，社会階層による学力格差がみられている（OECD加盟国の平均は38点で，この得点差は，1年分の学校教育に相当する違いだとされている）。

[2] 「暗記・再生型」，「理解・思考型」，「協同・創造型」の学習観は，「行動主義・認知主義」，「構成主義・社会構成主義」，「状況論」の学習観に対応づけて考えることができる。第5章，第6章を参照。

第 9 章　主体的な学びにつながる学習意欲とは？　113

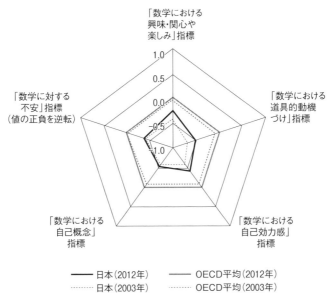

図9-1　数学に対する態度（PISA2012）（国立教育政策研究所, 2013）

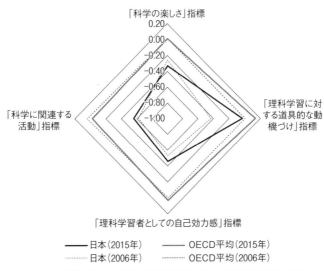

図9-2　科学に対する態度（PISA2015）（国立教育政策研究所, 2016）

年の結果は，数学における興味・関心や楽しみは日本と同様に低いが，不安は非常に低いのが特徴の1つである。第三に，日本では数学における興味・関心や楽しみで格差がみられた。社会階層の高い家庭の生徒の44％が数学で学ぶ内容に興味があると回答したのに対し，社会階層の低い家庭の生徒では30％だった（OECD 平均はそれぞれ58％と51％）（OECD, 2013）。

(3)「自ら学ぶ意欲」の育成を目指す日本の教育と課題

日本では，1987年の教育課程審議会答申で，「自ら学ぶ意欲と社会の変化に主体的に対応できる能力の育成を重視する」とされるなど（文部省，1988），**主体的な学び**と学習意欲は，早くから教育課題とされてきた。その後も，2006（平成18）年の改正学校教育基本法で，自ら進んで学習に取り組む意欲を高めることが重視され，近年も，学力の3要素の1つとして「主体的に学習に取り組む態度」の育成が課題とされている（文部科学省，2015）。

本章では，意欲について，動機づけという概念で研究されてきた心理学研究をたどりながら，学習意欲の低下や格差の社会的，心理的背景を考えることから始めよう。それをふまえて，教室で「自ら学ぶ意欲」を育てるために教師にできることと，「主体的な学び」につながる学習意欲について考えてみたい。

2．内発的動機づけを促す3つの欲求

意欲すなわち**動機づけ**は，行動が起こり，活性化され，維持され，方向づけられ，終結するまでの過程を含む現象である（鹿毛，2013）。その現象を意識した状態を動機という。

「数学・科学を学ぶ楽しみ」など，興味・関心を充たしたいという欲求から生じる学習意欲は**内発的動機づけ**といわれる。内発的動機づけは，興味や関心の対象が学習内容と結びついているため，学習行動を促進し維持する力になる。

だが，PISA 調査にもみるように，私たちが学校で学ぶあらゆる内容に興味をもつことは難しい。しかし，内発的動機づけは，内容への興味・関心だけでなく，欲求を満たす方法を自ら決め行為を起こそうとする**自律性**，能力を活用して環境を適切に操作したり適切な関係を作る**有能感**，他者や社会との絆やつ

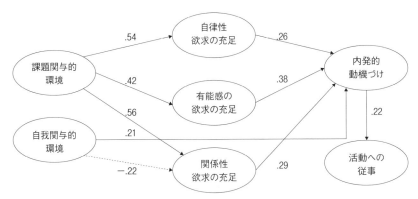

図 9-3　内発的動機づけに影響を及ぼす 3 つの欲求（Jõesaar et al., 2011；岡市・鈴木, 2014）
実線の矢印はポジティブな関連，破線の矢印はネガティブな関連を示す。数値が高いほど変数間の因果関係が強いことを意味する。3 つの欲求から内発的動機づけにポジティブな矢印が引かれている。つまり，3 つの欲求が充足されることによって，内発的動機づけは促進され，活動に従事する傾向があるということが分かる。さらに，3 つの欲求充足には，課題関与的環境（第 5 節参照）が影響していることが分かる。

ながりといった**関係性**という 3 つの欲求の充足によって促進される（Jõesaar et al., 2011，図 9-3）。裏返せば，興味や関心があっても，3 つの欲求が不充足であれば，内発的動機づけは高まらないといえる。3 つの欲求のなかで，内発的動機づけに最も強い影響を及ぼしている有能感に関わる動機づけをみていこう。

3．有能感に関わる動機づけ

(1) 達成動機

　スポーツの競技会や資格試験の合格など，社会的に意味のある課題を成し遂げたいという欲求から生じる動機を**達成動機**という（McClelland et al., 1953）。達成は，有能感の充足に影響するのだが，達成動機が低いと有能感を得ようとする行動につながらず，結果として，有能感の欲求も充足されない。

　では，なぜ達成動機が低くなるのか。困難だが価値のある目標を達成しようとする達成場面で，人は，達成できた場合の誇らしい気持ちを求める**成功願望**と，達成できなかった場合の恥ずかしい気持ちから生まれる**失敗恐怖**との間で葛藤する。成功願望と失敗恐怖は，個人の**パーソナリティ**の傾向性であり，成

功願望よりも失敗恐怖の強い人は，達成動機が低くなると考えられている。

(2) 原因帰属理論

　失敗か成功かという結果の評価だけでなく，出来事の結果の原因を何に帰属させるかが動機づけに関係すると考える**原因帰属**理論を紹介しよう。

　ワイナー（Weiner, 1980）は，たとえば子どもが学校のテストで悪い成績をとったときの原因の説明として，次の4つを挙げた。「自分の頭が悪いから（能力）」「自分が**努力**しなかったから（努力）」という子どもの内側にある内的要因と，「問題が難しかったから（課題）」「たまたま悪い結果だった（運）」という子どもの外側にある外的要因である。能力や課題の難しさは，急に変化することがなく安定したものだが，努力や運は，変動するものだと考えられる。

　課題や運といった外的な要因は，子どもには手が届かない。また，能力も，子ども自身で変えることは難しい。これらに成績の原因を帰属させると，自分でなんとかしようという意欲が起こらない。対して，内的でかつ変動的なもの，つまり努力に原因を求めることは，「がんばればなんとかなる」という考え方につながる。失敗も，努力不足のせいだと努力へ帰属すれば，次は同じ失敗をしないよう，「がんばって勉強しよう」という意欲につながる。このような具合で，努力への帰属は学習や達成につながりやすく，達成すれば有能感も充足される。そして，達成動機の高い人は，努力に原因を求めやすいとされる。

　このことは，親や教師によって，「がんばればできる」と努力することが奨励され，子どもたちの多くも努力に価値を認めていることとも一致する。

4．「がんばればできる」を問い直す

(1) 自己価値動機

　しかし，失敗を自分の努力不足に帰属することは，かならずしも有効ではない。コヴィントンとオメリッチ（Covington & Omelich, 1979）は，たくさん努力をして失敗する場合の予想を調査した。その結果（図9-4の「努力あり」），教師からの罰は予想されないが，自分の恥ずかしさや無能感が高まる，他者から無能だとみられる，という予想は最も強くなった。逆に，努力せずに失敗した

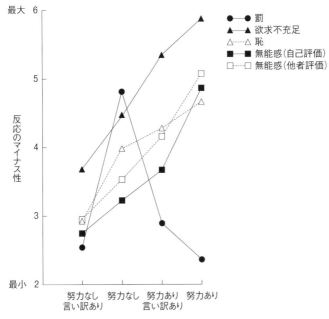

図9-4　失敗したときの生徒と教師の反応の予想
(Covington & Omelich, 1979より筆者作成)

場合（図9-4の「努力なし」），教師から罰を受ける可能性は高い一方で，自己の無能感が高まるとか，他者から無能だと評価されるという予想は低かった。

　この結果は，よい自己イメージを作り，維持したいという**自己価値動機**（Covington, 1992）の重要性を示している。全力を尽くして失敗したら，自分には能力がないと思うし，他者からもそうみられると思い，自己価値が下がる。そこで実際には努力をしたとしても，それを隠そうとして勉強をしていないと友だちに話す。あるいは，宿題や勉強をしなさいといわれてもやろうとせず，意欲がないようにしている。いずれも，そうすれば，失敗しても能力がないと思ったり，思われたりしないで済むからである。もし成功すれば，それは能力が高かったからだといえる。失敗恐怖が強い子どもや意欲のない子どもは，自分のイメージを守ろうとして「あえて意欲を示さない」でいるのかもしれない。

　コヴィントン（Covington, 1992）は，このような状況は，競争と相対評価の下に子どもが置かれていることから生まれるという。学力観と学習観の転換

が進む時代に，日本の学校では，いまだに子どもは競争させられ，試験のために勉強をし，試験が終われば忘れてしまうような知識を詰め込む「暗記 – 再生型」の学習をしている。PISAの調査にみる，授業や成績に対する不安の高さは，教育方法や受験制度など，環境の側にも課題があることをうかがわせる。

(2) 教室で自己原因性を喪失している子どもたち

次に**意欲格差**について考えてみよう。PISA2012や苅谷（2001）の調査では，社会階層の低い家庭の子どもの学習意欲が低くなっていた。原因帰属理論で考えると，社会階層は，子ども自身では変えることのできない外的で安定的な要因である。社会階層の低い家庭の子どもは，「教室でがんばっても，自分は，学校にいる自分や，周りの人との関係，環境に変化をもたらす原因になれない」と，**自己原因性**を喪失するのではないだろうか。

自己原因性を失うとどうなるのだろうか。セリグマンら（Seligman & Mayer, 1967）の実験を紹介しよう（図9-5）。まず，30匹の犬を10匹ずつ3グループに分ける。第1段階として，グループ①の犬には，電気ショックが与えられる

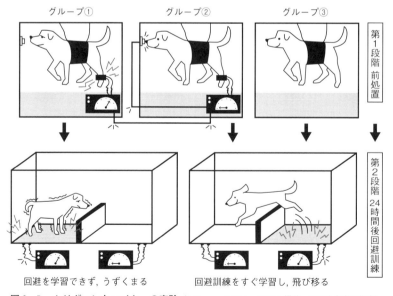

図9-5　セリグマンとマイヤーの実験（Seligman & Maier, 1967；櫻井, 2009を参考に作成）

のだが，それを自分で止めることのできない経験を，グループ②の犬には，電気ショックが与えられるのだが，自分で止めることのできる経験をさせる。グループ③の犬にはそのような経験をさせなかった。第2段階として，犬は，中央に仕切りがあって2つの部屋に分かれているシャトルボックスの片方の部屋に入れられ，音が聞こえると，直後に床から電気ショックが与えられた。このとき犬は，仕切りを飛び越えて他方の部屋に行くと，ショックから逃れることができた。この課題に対して，グループ②と③の犬は，同程度の成績で電気ショックを回避することを学習したが，グループ①の犬は，回避行動を学習せず，ショックがくると，その床にうずくまったのである。

グループ①と②の犬に結果の違いが生まれたのは，第1段階で，グループ①の犬のみが自己原因性の感覚を失い，"不快な刺激に自分の力では対処できない"と有能感を失う経験をし，それによって自分で対処できる環境に変わっても，つらいことを克服する意欲を失うからだと考えられた。セリグマンは，この現象を**学習性無力感**と名づけた。

人は，自己原因性を喪失し，有能感の欲求を充足できない環境に置かれると，意欲を失うといえる。だが，苅谷（2001）は，近年の社会階層の低い家庭の子どものなかには，学校での成功からあえて降り，つまり学校の学習に対しては努力をしないで，別の行動（学校外の生活や遊び，努力や勉強をしないこと）で，「自分が原因となる感覚」をむりにでも確認し，取り戻そうとするので，高い有能感をもっているという。このことは，学校で努力を促し有能感を充足させて内発的動機づけを高めようとする方法は通じなくなっていることを感じさせる。

しかし，子どもは，努力をしなかったり，努力をしなかったことに言い訳を作り出したりして，自己のイメージを守っているうちに，いつのまにか勉強が遅れて，文字どおり「学力が低い」事態に陥る可能性がある。基礎学力の未定着が動機づけを低下させるという負の連鎖を生む可能性も否定できない。

（3）学習意欲の低下と格差を考える

ここまで学習意欲の低下と格差という課題の背景を動機づけ研究に照らしてみてきた。では，学習に向かう子どもの動機が内発するために，何ができるだ

ろうか。第一に、社会の変化や、家庭背景といったマクロな要因が動機づけに影響を与えていることを理解する必要がある。第二に、動機づけに影響を及ぼす教育方法や制度、その基盤となる学習観を見つめ直すことである。日本の伝統的な授業形態（学年制による学級制のもとで、時間割で決められたとおりに同一の内容を同一のペースで学ぶ一斉授業中心の形態）を見直し、学びの個別化（コラム1参照）や、入試方法などの制度面の改革を検討することも課題となる。これらは、オランダのイエナプランやフィンランドの教育など海外の実践も参考になる。第三に、日本の教室で、教師一人から始められる実践を構想することである。第三の点について、動機づけ研究から考えていこう。

5. 学習意欲を回復するために

(1) 互いを尊重し、心を開き、交わることのできる環境づくり

まず、教師も子どもも、互いを尊重することである。教室には、特定の社会階層の子どもや学力の低い子ども、学習に不安をもっている子どもがいる。やる気を失ったり、みせないでいる子どもが、何をしても変わらないと思うことと、何かしてみようと思う、そのぎりぎりのところで教師は共感を示し、子どもが存在の確かさを感じ、自尊心を維持できるようにすることである（コラム8参照）。

それは、子ども同士の関係にも繋がる。ユースチームのスポーツ選手は、チームメートよりも上手になることを目指したり、チームメートの失敗を非難したりする雰囲気の自我関与的環境よりも、一緒に技術の向上を目指したり、お互いの存在価値を大切にしたりする雰囲気である課題関与的環境のほうが、3つの欲求を充足させ、内発的動機づけを促進するという（Jõesaar et al., 2011, 図9-3）。他者とのつながりという関係性の欲求充足も学ぶ意欲を高める要因の1つなのだ。この環境の違いは、学習の目標志向の違い（Dweck, 1986）にも関連する。自我関与的環境では、課題に対する能力を示したがり、高い点数をとって他者を凌ごうとする達成志向になりやすいが、課題関与的環境では、新しい技能や知識を理解し能力を高めるために学習する修得志向になりやすい。課題関与的な学級づくりは、学習の意欲と質の両面で重要である。

子どもが，集団のなかで，心を率直に開き，力を発揮できる環境にすることである。

(2) 学習内容の自己選択

次に，子どもと学習内容の関係である。小学校低学年の子どもも，文章を作成する課題で，関心に応じてトピックや文章のスタイルを選択する機会が与えられると，**自己調整**をしながら学習を進めること（自己調整学習については第11章参照），その過程で，子ども同士が協同で文章を作成する活動や，文章を友だちや親とシェアする機会を作ると，トピックやスタイル，表現などをともに吟味し，学習を相互に調整し合うことが分かっている。また，その活動のなかで子どもたちの内発的動機づけが高まり，「作家のように書くことが愉しい」という語りがみられるようになることも観察されている（Nolen, 2007）。このような学習は，スポーツや作家活動など，文化的活動への参加としての学習（第7章参照）に繋がるし，その過程は，単に自己決定することにとどまらず，自分自身の行動を調整し，行為の始発や方向づけを自らがコントロールする自律性の欲求充足に繋がる（Deci & Ryan, 2000）。

子どもの動機づけを高めるために，教師は，課題関与的環境を整えつつ，子どもが自分にとって良いと考える学習活動を選ぶことができる，幅のある課題を用意することである。その際，子どもの自己決定を選択の自由とか自己責任と捉えるのではなく，教師が，授業の目的や子どもの学習状態をふまえて，学習内容の価値と方法を判断することも重要である。

(3) 自己効力感を高める成功体験

課題に対して「うまくやり遂げるのに必要な能力をもっている」と感じる**自己効力感**（Bandura, 1977）をもつ子どもは，達成動機をもち，より困難な課題に挑戦しようとし，努力をし，粘り強く取り組む。日本の子どもは自己効力感が低いという結果が出ているが（図9-1，9-2），自己効力感は，成功体験によって高まる。成功体験に向けて，たとえば子どもが実行プランを立てるとき，教師は，遠い目標を，近い小さな目標に分解するなどの工夫を促すなど，子どもが自分で達成できるという期待をもつようにサポートすることが重要で

ある。ただし,「まずやってみよう」といった性急な励ましや,「がんばればできる」といった保証のない励ましは,高い自己効力感を下支えするスキルや基礎学力なしに子どもに過剰な自信をもたせてしまい,結果,やってもだめだったと,自己効力感を失う可能性があるので,注意が必要である。

(4) 動機づけを支える細やかな配慮

子どもの動機づけを維持するために,教育者には細やかな配慮も求められる。たとえば,**外的報酬**(ごほうび)は内発的動機づけを低減させる場合があるという,**アンダーマイニング効果**に注意が必要である。レッパーら (Lepper et al., 1973) による幼稚園児を対象とした実験では,「絵を描いたらご褒美をあげる」と言って絵を描かせると,その後,彼らが自由時間に絵を描く時間が減少した。自由時間の行動は,自分の自由な選択のもとに,やりたいことをやっているので,内発的に動機づけられている。それに報酬を与えられると,報酬のためにやっていたかのようになり,**外発的動機づけ**に変わってしまう。外発的動機づけとは,外からの報酬や要請によって行動が生じている状態のことである。内発的動機づけは学習の持続を導くが,外発的動機づけのもとでは,報酬がもらえなくなれば行動はとまるなど,浅く,短期的な結果を求める学習を導くので,注意が必要である。ただし,内発的動機づけを低める効果をもつ報酬は物的な報酬で,自分が本気で興味をもって取り組んでいることへの賛同や励ましになる言語的報酬は,内発的動機づけを弱めることはない。

6. 子どもが主体的に学ぶとき―内発的動機づけを越えて

では,課題関与的環境で自己原因性の感覚をもち,3つの欲求を充足させて内発的に動機づけられれば,子どもは,難しい課題も達成動機をもって粘り強く学び続けるのだろうか。佐伯 (1995) は,自分でじっくり考えて選んだことを追究する主体的な学びには,自分が思いをかける自己原因性の感覚だけでなく,対象が予想と異なっていたり,自分の思うとおりにいかなかったり,思いがけない側面を発見したりする経験すなわち**他者原因性**の感覚が大切だという。

小学1年生の事例(牛山,2001)から考えてみよう。ヤドカリの宿替えの

シーンである。これはヤドカリに「思い」をかけてきた子どもたちにとって「思いがけない」ことだった。子どもは，教師が「観察しなさい」と言わずとも息を詰め，ヤドカリを凝視する。すると，ヤドカリの動きが子どもの視野に入るようになり，自分本位にヤドカリを扱い「ヤドカリで」遊んでいた子どもたちは，「ヤドカリと」遊ぶようになる。子どもは，「思いがけなさ」から，相手に目や耳を傾けるようになり，「自分が変えられる」実感をもつのだ。これが「他者原因性」の感覚である。さらに子どもは，ヤドカリの世界に没入し，ヤドカリの暮らしやすい環境を工夫しては，ヤドカリの変化を見守り，喜ぶようになる。これは，「相手が私を変える」という他者原因性の感覚と「私も相手を変える」という自己原因性の感覚が一体となる**「双原因性の感覚」**である。牛山（2001）が，このような学習は「なぜ勉強しなくちゃいけないの？」と子どもから問われないというように，双原因性の感覚が主体的な学びを生む。学習意欲は，興味・関心にもとづく内発性や，環境を制御する自己原因性など，自己の側だけの問題ではなく，対象や他者と関係を作るなかで生まれるのであり，その相互的なやりとりのなかで対象や他者を引き受けるとき，人は主体になるのだ。

　子どもの「双原因性の感覚」は，教師と子どもとの間に「双原因性の感覚」が感じられる環境から生まれる。小学校から中学校まで，教師が児童・生徒の関心を丁寧に聴き，彼らを原因としつつ，彼らが関心をもつ対象を教師も探究しながら，探究価値を見極め，彼らの主体的な学びと協同による探究を支える総合学習の実践（稲垣, 2001abc, 2003, 2004）は参考になる。

　教師は，子どもの動機づけについて，心理的な側面に加え，子どもが置かれている状況や制度といった社会的な側面も理解しながら，授業を構成する3つの関係――学習内容と，個性的な子どもとその集団と，教師――のなかで考え，実践していくことが重要である。

（羽野ゆつ子）

引用文献

Bandura, A. (1977). Self-efficacy: Toward a unifying theory of behavior change. *Psychological Review, 84,* 191-215.
Covington, M. V. (1992). *Making the grade: A self-worth perspective on motivation and*

  school reform. New York: Cambridge University Press.

Covington, M. V., & Omelich, C. L. (1979). Effort: The double-edged sword in school achievement. *Journal of Educational Psychology, 71*（2）, 169-182.

Deci, E. L., & Ryan, R. M. (2000). The support of autonomy and the control of behavior. In E. T. Higgins & A. W. Kruglanski（Eds.）, *Motivational science: Social and personality perspectives*（pp.128-145）. Philadelphia, PA: Psychology Press.

Dweck, C. S. (1986). Motivational processes affecting learning. *American Psychologist, 41*, 1040-1048.

福田誠治（2006）．競争やめたら学力世界一——フィンランド教育の成功　朝日新聞社

市川伸一・内田伸子・嘉手苅弘美・志水宏吉・松下佳代・工藤与志文（2016）．学力格差は超えられるか——教育心理学からの挑戦——　教育心理学年報, 55, 343-362.

稲垣忠彦（編）（2001a）．子どもたちと創る総合学習Ⅰ　学級崩壊を越えて　評論社

稲垣忠彦（編）（2001b）．子どもたちと創る総合学習Ⅱ　子どもたちと追究する愉しみ　評論社

稲垣忠彦（編）（2001c）．子どもたちと創る総合学習Ⅲ　学校づくりと総合学習——校長の記録　評論社

稲垣忠彦（編）（2003）．子どもたちと創る総合学習Ⅳ　教室から生まれた物語　評論社

稲垣忠彦（編）（2004）．子どもたちと創る総合学習Ⅴ　子どもの心を育む総合学習　評論社

Jõesaar, H., Hein, V., & Haggeret, M. S. (2011). Peer influence on young athletes' need satisfaction, intrinsic motivation and persistence in sport: A 12-month prospective study. *Psychology of Sport and Exercise, 12*（5）, 500-508.

鹿毛雅治（2013）．学習意欲の論理——動機づけの教育心理学　金子書房

苅谷剛彦（2001）．階層化日本と教育危機——不平等再生産から意欲格差社会へ　有信堂

国立教育政策研究所（2013）．OECD 生徒の学習到達度調査——2012年調査分析資料集　Retrieved from https://www.nier.go.jp/kokusai/pisa/pdf/pisa2012_reference_material.pdf（2015年12月10日）

国立教育政策研究所（2016）．OECD 生徒の学習到達度調査——2015年調査国際結果の要約　Retrieved from http://www.nier.go.jp/kokusai/pisa/pdf/2015/03_result.pdf（2016年12月14日）

Lepper, M. R., Greene, D., & Nisbett, R. E. (1973). Undermining children's intrinsic interest with extrinsic reward: A test of the "overjustification" hypothesis. *Journal of Personality and Social Psychology, 28*（1）, 129-137.

McClelland, D. C., Atkinson, J. W., Clark, R. A., & Lowell, E. L. (1953). *The achievement motive*. New York: Appleton-Century-Crofts.

文部省（1988）．我が国の文教政策　第1部第2章第1節2　生涯学習の基盤としての学校教育　Retrieved from http://www.mext.go.jp/b_menu/hakusho/html/hpad198801/

hpad198801_2_018.html（2015年12月10日）
文部科学省（2015）．教育課程企画特別部会における論点整理について（報告）Retrieved from http://www.mext.go.jp/b_menu/shingi/chukyo/chukyo 3 /053/sonota/1361117.htm（2016年10月17日）
Nolen, S. B. (2007). Young children's motivation to read and write: Development in social contexts. *Cognition and Instruction, 25*, 219–270.
OECD（2013）．PISA 2012 Key findings Country-specific overviews Japan. Retrieved from http://www.oecd.org/pisa/keyfindings/PISA-2012-results-japan-JPN.pdf（2015年12月10日）
OECD（2016）．Country note PISA results from PISA 2015 JAPAN. Retrieved from https://www.oecd.org/pisa/PISA-2015-Japan-JPN.pdf（2016年12月14日）
岡市廣成・鈴木直人（2014）．心理学概論　第2版　ナカニシヤ出版
佐伯　胖（1995）．わかるということの意味　岩波書店
櫻井茂男（2009）．自ら学ぶ意欲の心理学―キャリア発達の視点を加えて　有斐閣
Seligman, M. E., & Mayer, S. F. (1967). Failure to escape traumatic shock. *Journal of Experimental Psychology, 74*(1), 1-9.
牛山栄世（2001）．学びのゆくえ　岩波書店
Weiner, B. (1980). *Human motivation*. New York: Holt, Rinehart & Winston.

コラム 8　もう1つの自尊感情

「どうせ自分なんてダメな人間」「どうなってもいいや」「もうオワッてる……」

このように自己を見限り，存在価値を肯定できない心理。これは自己差別感情といえるが，そのような状態にあると「よりよく生きようとする意欲」「自分同様に相手も大切な存在だと実感する人権感覚」も失せてしまいがちだ。これは「生と学びのシャッター」を自ら閉めきった状態ともいえる。その対極は自尊感情が豊かで，しかも安定した状態である。この自尊感情は「生きる力の源泉」「学ぶ意欲の源泉」「人権感覚の源泉」に位置する非認知的な1つの「資本」といえる。

では，現代日本の子ども・若者の自尊感情はどのような状態にあるのだろうか。残念なことに，調査結果のほとんどは悲観的な内容ばかりといわざるを得ないのが現状である。つぎの一例をみてみよう。

「自分自身に満足しているか」という質問に「そう思う」「どちらかといえばそう思う」と回答した者は，アメリカ86.0％，イギリス83.1％，フランス82.7％，ドイツ80.9％，スウェーデン74.4％，韓国71.5％。ところが，日本45.8％。

これは満13歳から満29歳までの男女を対象とした国際調査（内閣府，2014）の結果であるが，日本の若者の自尊感情の低位性を如実に示したものといえる。

じつは，教育現場からも子どもの自尊感情の低位性がしばしば指摘される昨今である。毎年実施される全国学力・学習状況調査（文部科学省）の質問紙にも「自分には，よいところがあると思いますか」と，自尊意識を問う項目が毎回設けられている。その影響もあってか，いまや子どもの「よいところ探し」や「ほめる」ことによって自尊感情を育てようとする取り組みが全国の学校を席巻している。

しかし，「よいところをほめる」ことによって育つのは相対的自尊感情である。これはある状況下におけるその子どもの「よいところ」「すぐれた点」への評価であり，状況が変われば「よいところ」「すぐれた点」だったはずの特性が，無残に壊れることもありうるわけだ。したがって，安定性に欠ける自尊感情といえるだろう。それに対して，忘れてはならないのがもう1つの自尊感情である。

「私にとってあなたは宝もの。いてくれるだけでありがたい」

「周りがどのように評価しようと，私はいまのあなたが大切だ」

このように状況や条件を超えて，他者から自己の存在そのものに肯定的で支持的な評価が持続的になされる。しかも，言葉だけでなく，表情も息づかいも伴って。これは他者から貰い受ける存在承認である。それによってはぐくまれていく揺るぎない自己価値感情，これが絶対的自尊感情というべきものである。

自己がよみがえり，閉ざされていた「生と学びのシャッター」が安定して上昇し始める。この自尊感情を家庭や学校や社会で相互にはぐくみ合いたいものだ。　　（園田雅春）

内閣府（2014）．平成26年版　子ども・若者白書　内閣府

第3部
グローバル社会・共生社会の教育課題
学校教育の心理学

　教育実践場面においては，従来にも増して遊びの重要性や自己学習能力の育成，さらには多様な個性をもつ子どもたちに対する指導のあり方，教師と学習者の関係のあり方が問い直されている。しかし，実践場面において，それぞれについてどのように扱ったり対応したりすべきか，その意義や具体的な方法について，十分に理解されていないのが実状である。

　第3部は，教師を志す読者に対して，以上のような教育課題に対し，従来の教育心理学および教育学における研究成果をふまえながら，具体的な実践場面を想定しつつ，課題解決のための手がかりを解説する。

　具体的には，第一に，遊びの重要性について，そもそも「なぜ重要なのか？」，また，「遊びが学びにどのような影響を及ぼすのか？」について，幼小接続の視点や，幼児期の経験が小学校での学びに及ぼす影響から，分かりやすく紹介する（第10章）。

　第二に，自己学習能力の育成について，メタ認知能力や自己調整学習をキーワードに，「学習者が主体的に学習に取り組む上での教師の関わり方，授業づくりのあり方」について，実際の授業例を挙げつつ，理論的に解説する（第11章）。

　第三に，多様な個性をもつ子どもたちに対する指導のあり方について，「特別な支援を要する学習者のニーズを，通常学級の中でどのように生かしていくのか？」について，学習者のニーズを詳細に分析しつつ，具体的な事例をもとに説明する（第12章）。

　第四に，教師と学習者の関係のあり方について，近年注目されている「ケアリング」をキーワードに，「従来の教える人と学ぶ人の立場や関係性」を問い直す。そして，教えることと学ぶことの意味について，教育，学習場面を創造する教師の役割から，深く考える機会としたい（第13章）。

第10章　学びの基盤を作る遊び経験

1．保育における小学校教育の先取り

　近年多くの幼稚園，保育所が，小学校の学習内容を先取りする活動を行っている。2012年の調査によると，「英語」に関しては私立幼稚園の58％，私営保育所の33.8％で実施されており，その割合は，2007年から2012年までの5年間で，私立幼稚園で10.7％，私営保育所で5.4％増加している。また「ひらがなの読み書き」は，私立幼稚園，私営保育所の約半数が，「数，計算の練習」は私立幼稚園，私営保育所の約30％が実施している（ベネッセ教育総合研究所，2014）。「体操（組体操など）」や「音楽活動（鼓笛隊など）」を実施している園はこれよりも多く，最近の幼児は忙しい[1]。

　幼稚園，保育所において上記のような「小学校の学習内容を先取りする**早期教育**」が取り入れられている理由として，幼稚園教育要領，保育所保育指針の平成20年の改訂で「小学校教育との円滑な接続」，いわゆる「保幼小の連携」がうたわれたことにあると考えるかもしれない。しかしながら，幼稚園教育要領，保育所保育指針のいずれにおいても，幼児期から児童期への発達と学びの連続性の保証が「小学校教育の先取り」ではないことが，明確に述べられている[2]。たとえば「保育所保育指針解説書」（厚生労働省，2008）では「小学校と

---

[1] いわゆる「早期教育」を行っている公立幼稚園，公営保育所の割合は，私立幼稚園，私営保育所と比較して総じて低い。たとえば，「英語」は公立幼稚園で17％，公営保育園で28.7％，「数，計算の練習」は公立幼稚園で2.9％，公営保育所で10.1％である（ベネッセ教育総合研究所，2014）。

[2] 「幼稚園教育要領の解説」（文部科学省，2008）においても，「発達や学びは連続しており，幼稚園から小学校への移行を円滑にする必要がある。しかし，それは，小学校教育の先取りをすることではなく，就学前までの幼児期にふさわしい教育を行うことが最も肝心なことである」と述べられている。

の連携の前提」として、「小学校での生活や学びに繋がる保育とは、これらを先取りするということではありません。保育の中で創造的な思考や主体的な生活態度などの基礎が培われるよう毎日の生活や遊びを充実させることが大切です」と記されており、幼児教育における小学校教育の「先取り」を戒め、「生活や遊び」を基盤とした身体的・具体的体験の充実が明記されている。

　幼稚園教育要領、保育所保育指針で「小学校教育の先取り」に対して注意喚起されているにもかかわらず、幼稚園、保育所でそれが行われている主要な理由の1つは、保護者の要望の高まりによると考えられる。首都圏に住む乳幼児をもつ母親が幼稚園・保育所へ望むことについて2015年までの10年間の変化をみると、「知的教育を増やしてほしい」という要望は幼稚園、保育所ともに増加している。その一方で、「集団生活のルールを教えてほしい」「子どもに友だち付き合いが上手になるような働きかけをしてほしい」「自由な遊びを増やしてほしい」という要望は減少している。また、母親たちが子育てで力を入れていることに関しては、「数や文字を学ぶこと」に力を入れる割合は増加し、その一方で「友だちと一緒に遊ぶこと」は減少している（ベネッセ教育総合研究所，2015）。

　少子化状況下における園児獲得競争の中、私立幼稚園は"保護者の期待"に応えるかたちで「早期教育」を取り入れざるを得ない状況にあるのかもしれない。そこには「小学校の教育内容を先取りして学ぶことが小学校への円滑な接続を促し、結果として小学校の学業成績に繋がるはずだ」という保護者の期待があるのであろう。しかしながら、幼児期における小学校の教育内容を先取りした早期教育は本当に、その後の小学校の学業成績を向上させるのであろうか、児童期以降の学びにとって必要な幼児期の経験とはどのようなものなのであろうか。

2．幼児期の経験がその後の学習活動にいかに影響するか

(1) 1960年代アメリカで行われたペリー就学前プロジェクトの成果

　子どもにとっていかなる教育方法がより優れたものであるのか、子どもに対していつからどのような教育を与えるべきなのか。この問いに答えることは、

突き詰めれば「人はいかに生きるべきか」「人にとって幸福とは何か」という問いに答えようとすることに他ならない。教育が価値の社会的再生産システムである以上，その答えは社会，時代，そして個人の価値観に依拠して様々な答えが成立し得るであろう。近年その回答の1つが，ノーベル経済学賞受賞者でもあるヘックマン（Heckman, 2013）によって示された。彼が依拠したのは，教育によってもたらされる経済的効果，すなわち教育のコストパフォーマンスという極めて単純でそれゆえ強力でもある価値の尺度である。ヘックマンは，アフリカ系アメリカ人家庭，一人親家庭の子どもの貧困問題への取り組みとして1960年代にアメリカで行われた**ペリー就学前プロジェクト**の成果を1つの根拠とし，幼児教育の重要性を示した。それによると，ペリー就学前プロジェクトを受けた群は，14歳時点での基礎学力を達成していた割合および，留年や休学をせずに高校を卒業した割合がプロジェクトに参加していなかった群よりも高かった。さらに40歳になった時点での追跡調査によると，1か月の収入が2,000ドル以上の者がプロジェクト参加群では29％であったのに対して，プロジェクトに参加していない群では7％，持ち家率はプロジェクト参加群で29％，プロジェクト不参加群で13％であった。その他の指標からも，ペリー就学前プロジェクトを受けた子どもたちは受けなかった子どもたちと比較して，学力検査の成績がよく，学歴が高く，生活保護受給率や逮捕者率は低かったのである（Heckman, 2013）。ヘックマンはこれらの結果から，他の教育投資と比較して，幼児教育への社会資本の投資が最も効率的であると主張した。

（2）幼児期における遊びの重要性

　ペリー就学前プロジェクトでは，就学前の幼児に対して午前中に毎日2時間半ずつ教室での授業を受けさせ，さらに週に一度は教師が各家庭を訪問して90分間の指導を行っている。このような取り組みは一見，小学校教育へと繋がるアカデミックスキルを中心とした早期教育の成功事例のようにもみえる。しかし，ペリー就学前プロジェクトで重点が置かれたのは，子ども一人ひとりの遊びの活動を中心にした子どもの自発性と社会性の発達であった。教師は，子どもが自分で計画した遊びができるよう支援し，子どもが1日の終わりに行う自分の遊びについてのふり返りを集団で行うことで，社会的スキルを教えたので

ある。ヘックマンは，ペリー就学前プロジェクトに関する調査結果から幼児期の遊びによって導かれた自発性と社会性を育てるプログラムが最も効果的であることを主張した（Heckman, 2013）。

幼児期の遊びの活動がその後の学力向上に寄与することは，マルコン（Marcon, 2002）によってより明確な形で示されている。マルコンは，調査対象児[3]を，彼らが4歳時点で受けた保育の内容によって，子どもを主体とした活動を行う園に通ったCI群（Child Initiated preschool），学習活動を中心に行う園に通ったAD群（Academically Directed preschool），CIとADの中間にある園に通ったM群（Middle of the road preschool）の3つに区分し，これらの教育を受けた子どもたちの小学校3年生時，4年生時[4]の成績を比較した。その結

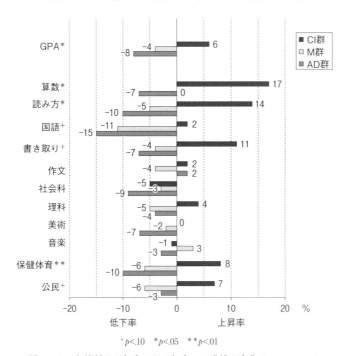

$^+ p<.10$　$^* p<.05$　$^{**} p<.01$

図10-1　各教科の3年生から4年生への成績の変化（Marcon, 2002）

3　マルコンの調査対象児は，96%がアフリカ系アメリカ人で，その多くが家庭の収入が低いことを理由に給食補助を受けている子どもたちであった。
4　3年生時の平均月齢は107.6か月，4年生時の平均月齢は119.8か月であった。

果（図10-1）．各教科の成績の平均を表す GPA（Grade Point Average）は，CI 群では3年生から4年生で6％増加していたのに対し，AD 群は8％，M 群は4％低下していたのである。教科別にみると，音楽（Music）と社会科（Social studies）を除く，算数（Arithmetic），国語（Language），読み方（Reading），書き取り（Spelling），保健体育（Health/PE），公民（Citizenship）とほぼすべての教科で3年生から4年生で CI 群は成績が向上し，M 群，AD 群では逆に成績が低下する傾向がみられた。3年生修了時点では3群で差がみられなかった GPA が，4年生修了時点では，CI 群＞M 群＞AD 群の順に高くなることが示されたのである。先に示したペリー就学前プロジェクトの結果と同様に，遊びを基盤とした子どもの主体的な活動に重点を置く保育は，学校教育を先取りする学習活動に重点を置く保育と比較して，小学校4年生以降の学業成績の向上に対して効果的であることが示されたのである（Miller & Almon, 2009）。

3．子どもは遊びをとおして何を経験し，何を学ぶのか

　第2節では，就学前の幼児に対する「小学校の学びを先取りした早期教育」が，必ずしも小学校以降の学びにつながっていないこと，幼稚園・保育所に対する保護者の要望としては低下しつつある「遊び」が逆に，小学校以降の学力を促進する可能性を示した。「遊びは学びである」とは，これまで多くの実践者・研究者によって語られてきたテーゼであるが，ここではできるだけ具体的に，遊びと学びのつながりについて考えてみたい。

(1) 認知意味論―意味理解の基盤となる身体経験
　発達心理学の知見として，子どもが最初に意味のある言葉を獲得する際，子どもが，子どもと養育者とモノゴトからなる**三項関係**を理解しているということが前提となる（別府，2005）。この三項関係は実際には子どもと養育者が1つのモノゴトに注意を向ける**共同注意**という現象として現れる。たとえば，犬が「ワンワン」と吠えると，養育者や子ども自ら「ワンワン，ワンワン」と言って，犬が吠える声を真似ることもある。このような場面は，子どもにとっ

ては，「ワンワン」と言い合う遊びであるとともに，遊びを通じて，4本足で移動する毛の生えたものの姿と「ワンワン」という音を結びつける学習の機会になっている。ある保育所の1歳児クラスで，子どもが猫を指さしながら「ワンワン」と発話する場面に何度か遭遇したことがある。保育者は「ニャーニャーって言ってないかな？　ワンワンって言ってるかな？　もう一回聞いてみよう」と言いながら，猫の泣き声に耳を傾けて，ワンワンと言っているか，ニャーニャーと言っているかを考える実験遊びのような関わりをしていた。このような事例が何度か繰り返され，子どもは**遊びを通じて**複数の事例から帰納的に何が"ワンワン"であるかを学習することになる。また，共同注意の場では子ども，養育者ともに指さしがよく使用されるが，この指さしは注意の対象を指し示すための1つの代名詞としての役割を果たす（Goldin-Meadow, 2015）。

　上記のような三項関係以外にも子どもの**遊び**が言葉の意味理解にとって重要であることが，認知言語学から示されている。たとえば「砂場で砂の山を作る」「積み木を積む」「コップやジョウロに水を入れる」，いずれも子どもたちにとってなじみの深い，遊びのなかで何度も経験した行為であろう。これらの行為には共通するパターンが存在する。すなわち"より多く集めれば高くなる"（more is up）である。より多くの砂を積み上げれば山はより高くなり，より多くの水を入れれば水位は上がる。言語学の一分野である認知言語学では，このような経験に共通するパターンこそが言葉の意味や理解の中核であると主張する（**認知意味論**：Johnson, 1987; Lakoff & Johnson, 1999）。たとえば，幼児が形の異なる容器に入った同量の液体を前にして，水位の高い方を「より多い」と判断する[5]のも，「より多いは上」にもとづいて判断しているからに他ならない。さらに私たちが，「人気が下がる」「物価が上がる」などより抽象的な概念を上下方向の変化として表現し，またその表現が理解できるのも，量の多寡を上下の方向の変化として理解しているからに他ならない。私たちが，人気や物価など抽象的な事柄について理解できるのも，遊びを含めた様々な経験を通して行為の中に共通するパターン（**イメージ図式**：image schema）を形成

---

[5] 対象の形や状態を変化させても，対象の数や量は変化しないという保存性の獲得を測る課題。液量の保存は，5，6歳ごろ獲得される。液量保存課題については第2章（p.20），第3章（p.33）も参照。

してきたからなのである。

　他の例をみてみよう。私たちが対象を数える際，数詞に加えて助数詞を用いる。1枚，1本，1個などである。一般的にマッチ棒，バットなどの棒状のものを数える場合は「本」を用いるが，野球のヒットやホームラン，映画やビデオ，電話など，必ずしも棒状の形態でない対象にも私たちは「本」を用いる。これは私たちが，マッチ棒，バットだけでなく，ホームラン，映画，電話にも一方向のベクトルによって表されるような共通するパターン，すなわち共通するイメージ図式を感受しているからに他ならない。具体的・身体的な経験領域で形成されたイメージ図式が，それと同様の図式をもつ抽象領域に比喩的に投影され，構造化された結果，物理的に棒状ではないが，1本の直線として経験される対象（ここでは，ホームラン，映画，電話）に対して，私たちは助数詞「本」を用いるのである（Johnson, 1987）。

　遊びの中で体験する，積み上げる，崩す，並べる，埋める，隠す，掘り出す，分け合う，独占する，渡す，貰う，振り回すなど様々な経験は，その1つ1つが身体と環境との相互作用としてイメージ図式の中核を担い得る行為である。これらの経験から抽出されたイメージ図式によってより抽象的な言語表現が理解可能となり，また自らの表現として用いることが可能となるのである。

（2）遊びの中にある算数・数学

　乳幼児が生活や遊びをとおして獲得する数量に関する知識は**インフォーマル算数**の知識（informal mathematical knowledge）と呼ばれており（丸山・無藤，1997），量，平面，立体図形，時間，空間などの概念と操作に関する広範囲な知識（The EME Project, 1982; 幼児教育方法研究会, 1994）がこれに含まれる。たとえば，子どもたちにとって砂場で遊ぶ経験は数学的な経験にあふれている。砂を加えたり，取り去ったりすることは，量の加算，減算に通じるのは当然のことであるが，砂をコップに入れたり，砂から泥団子を作ったりすることは，連続量としての砂を，コップや泥団子を1つの単位とする分離量に変換することに他ならない。山名（2004）は，5歳から6歳の幼児が，1つの大きなコップから複数の小さなコップへ砂を等しく分けられることを示しているが，これは小さなコップを1つの単位として連続量を等分割することに他ならず，

小学校2年生で学習する量の概念を導くものといえよう[6]。

また，砂場に限らず私たちは発達のごく初期の経験から様々な場面で容器を用いる経験をする。私たちが容器を用いる経験をするとき，その素材，大きさ，内容物はその都度異なっても，そこには，「内」「外」「境界」の3つの要素からなる共通する構造が存在する。そして共通する構造はここでもまたイメージ図式（「容器のイメージ図式」）を創出する。この容器のイメージ図式は，閉集合の概念の基盤として機能することによって，様々な数学の中心的な概念となっているのであるが，ここから論理学を導くことも可能である（Lakoff & Núñez, 2003）。

たとえば，大きな容器の中に小さな容器を入れ，さらにその中に何か（たとえばボール）を入れるなどということも，遊びの中でよくみられる光景である。対象xを容器Aの中に入れ，それをより大きな容器Bに入れるという入れ子構造は，論理学における2つの推移関係を成立させる。すなわち，

1）2つの容器A，容器Bと1つの対象xがあり，AがBに含まれ，xがAに含まれるならば，xはBに含まれる。
2）2つの容器A，容器Bと1つの対象yがあり，AがBに含まれ，yがBに含まれないならば，yはAに含まれない。

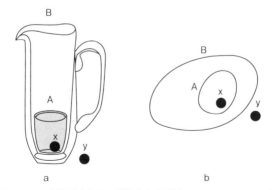

図10-2　容器図式として認識される論理（Lakoff & Núñez, 2003）

6　たとえば，小学校2年生では3dlの水は1dlの水が3つ集まったものとして学ぶ。

である（図10-2）。

　もちろん，2つの容器を入れ子にして遊ぶ子どもたちは上記の2つの推移関係を演繹してはいないし，抽象的に関係を表すベン図を思い描いてもいないであろう。しかし，容器を入れ子にして遊ぶ子どもにとって推移関係は自明のこととして現れる。これは1つのトピックに過ぎないが，就学前の筆者の娘（6歳1か月時）は，図10-2の図aとそれが抽象化された図bを見て「あっ，これ（図b）わかるよ。これ（図a）を・上・か・ら・見・た・と・こ・ろでしょ」と言った。彼女にとって図bのベン図は包含関係を抽象化したものではなく，日常生活で経験する具体的な構造として理解したのである。

　これまで**演繹推論**の研究では，人間の推論は常に論理的な規範に従うのではなく，課題文の意味や文脈の影響を強く受ける（中垣，1987；中村・川口，2006）ことが示されている。このことは，**4枚カード問題**としてよく知られるWason選択課題[7]において，課題が抽象的な記号で提示されるよりも，日常的な経験にそった具体的な意味をもったものとして提示された方が正答を導きやすい（Griggs & Cox, 1982）という**主題化効果**としてよく知られる。上に挙げた，入れ子構造の推移関係を表すベン図を"上から見たところ"として理解するのも，「推移律を日常経験に沿った具体的事例として理解する」という意味で主題化効果の1つの考えることもできるであろう。レイコフとヌニェスは，日常的に経験する容器の構造のうちに「空間的な論理学」（spatial logics）が成立するとし，これを拡張することで記号論理学における数学的証明や推論をも可能になると主張する（Lakoff & Núñez, 2003）。すなわち，一般的には非常に抽象的な思考であると考えられるような記号論理学や推論課題も，具体的な身体活動にその源泉があると考えられるのである。

　また"代数関数的経験"を鬼ごっこに見出すことも可能である。鬼ごっこは，

7　Wason選択課題とは，4枚のカードそれぞれに母音A，子音D，奇数3，偶数6が書かれており，「『もし表が母音であれば，裏は偶数である』という規則が正しいか否かを確かめようとする際，裏返して見る必要があるのはどのカードか，必要最小限の枚数で確かめよ」という課題である（Wason, 1966）。上記のようにカードに抽象的な記号が付与されている場合よりも，同様の構造をもちながらより具体的な， ビールを飲んでいる ， ジュースを飲んでいる ， 43歳 ， 17歳 の4枚のカードの中から「ビールを飲むなら二十歳以上でなければならない」という規則の違反者を探す課題の方が，正答率が高くなる（主題化効果）ことが示されている（Griggs & Cox, 1982）。

一般的なごっこ遊びと同様に役割を演じることを楽しむ遊びである。鬼になれば鬼以外の子ども（ここでも集合的な経験が為されているが）を捕まえることがその役割である。鬼ごっこでは，鬼は特定の個人に固定されることなく，日によってあるいはルールによっては瞬間的に鬼と鬼でない子どもが入れ替わる。つまり，鬼の役割を担う子どもが次々と変化するのである。たとえばここで「鬼はここから入ったらダメ」の発言があるとき，この発言は鬼の役割を担っている子ども個人に向けられてはいない。鬼役を担う A 児は「入ったらダメ」が自分に向けられていると同時に，それが役割としての鬼に向けられた発言であり，A 個人に向けられていないことを理解しているし，「入ったらダメ」と発言する B 児もそれを理解している。よって，鬼役が A と B で入れ替われば，今度は B が陣地に入れなくなるのである。ここでは鬼を誰が演じているかは問題ではない。今日は A 児で明日は B 児かもしれないが誰が演じても鬼の役割＝機能は一定であり，その時々で，あるいは瞬間的に鬼の役割を担う個人が切り替わっていくのである。言い換えれば，鬼は 1 つの代数 x あるいは代数 x によって構成される代数関数 f（x）であり，個々の子どもは鬼役として代入される要素といってよい（Lakoff & Núñez, 2003）。

　さらに年長児になると鬼の効力を発揮できる領域，できない領域について協議して決めることが可能となる。つまり「鬼はここから入ったらダメ」である。これは関数としての鬼の成立する条件を設定することに他ならない。また「今日は白い帽子をかぶった白チームが鬼」と決めることは，関数鬼に入力される x（子ども）の範囲を限定することである。

　これまで鬼ごっこは，ルールを理解しそのルールを他者と共有することができる，という**協同遊び**としてのルール理解や社会性発達の観点から語られることが多かった。しかし，鬼ごっこを成り立たせているルール自体は，上で示したように，代数関数で表現し得るような数学的な基盤によって成立しているのであり，ルールの理解とその共有とは，代数的理解とその共有の経験といえるであろう。

　ここまでみてきたように，子どもたちの遊びの中に論理学や集合論，代数関数など様々な形で数学的構造を見出すことが可能である。さらにその数学的構造を，子どもたちは自らの身体をとおして，まさに身をもって経験している。

理解とは，新しい事柄に遭遇した際，それ以前に身につけた既存の図式を新しい事柄に対して当てはめることである。言い換えれば，子どもたちが遊びをはじめとする日常経験において身体をとおして獲得する数学的構造が，その後の数学的な理解の基盤となるのである（Lakoff & Núñez, 2003）。

（3）「学びに向かう力」としての面白発見力

ここまで「遊びが育む子どもの力」について考えてきたが，それは親や保育者・教育者，研究者の視点であり，子どもの側に立てば，遊びによって何が育まれているかは問題ではない。子どもはただ面白いから遊ぶのであり，面白くなければ遊ばない。逆にいえば，その活動がどれほど遊びの形をとっていても，子どもが面白いと思わなければそれは遊びではない。遊びを続けるか止めるか，その主体は絶対的に子どもの側になければならない。

子どもは常に面白いことを求めているが，それと同時に，同じ遊びを長く続けることが苦手である。何事につけても「飽きっぽい」。欲しがっていた玩具を手に入れても，それで熱心に遊ぶのは数日のことであり，すぐに玩具に飽きてしまう。テレビゲームであれば，新しいコースや新しいキャラクター，アイテムを次々登場させて，子どもが飽きない工夫をゲーム側が提供してくれるのだが，普段の遊びでは子ども自身がその刺激を見出さなければならない。つまり子どもが遊び続けようとすると，自分で自分を面白くする工夫が必要になるのだ。言い換えれば，子どもたちの「飽きっぽさ」は，実は，遊びを展開していくための動因の1つなのである。

子どもでなくても私たちは，自分の活動に面白さを感じていることに対しては，主体的に持続的に取り組むことができる。仕事であれ，学びであれ，そこに何かしら面白さを見出しているからこそ，それを続けられるのである。私たちが1つの仕事／学習を長く続けられるのはそこに面白さを見出すことができたからに他ならない。活動に見出す面白さこそ，その活動を持続させる**内発的動機づけ**の源泉といえよう。このように考えると，ヘックマン（Heckman, 2013）やマルコン（Marcon, 2002）によって示された，小学校以降の学力向上につながる幼児期の主体的な遊びによって培われるものは，まさに自分の活動の中に面白さを発見する「面白発見力」であったとも考えられるであろう。日

本で行われた最近の調査によっても，"遊びこむ経験"の多い子どもは少ない子ども比較して，「頑張る力」や「好奇心」など，**学びに向かう力**が高くなる傾向が示されている（ベネッセ教育総合研究所，2016）。この「学びに向かう力」は，**非認知的能力**，**社会情動的スキル**ともいわれ，生涯にわたり社会生活を営む上での基盤となる力といわれているものである。

　主体的な遊びの中で面白さを求めて次々と遊びを発展させていく力，自分で面白さをみつけてくる力，これこそが遊びによって育まれる生きる力ではないであろうか。もし，現代の子どもたちが，テレビゲームのように大人から面白さを与えられ続けることで，自ら面白さを発見する力が弱まっているとしたら，それは生きる力の低下であり，学力や体力の低下以上に問題にされなければならないであろう。

4．遊びが育む学びの基盤

　児童期以降の学習に寄与しているのは，小学校の学びを幼児期に取り込んだ学習活動ではなく，幼児期の自発的な遊びの活動であることが示されている。認知意味論の項でも述べたように，理解とは具体的・身体的な経験領域で形成されたイメージ図式を，より抽象的な領域に当てはめることである。言い換えれば，抽象的な事柄を理解するためには，具体的・身体的な経験が不可欠なのである。このように考えると，幼児期に遊びをとおして獲得される具体的で身体的な経験こそが，小学校での学びを促すといえるであろう。児童期の学びを幼児期に引き下げただけの取り組みは，一時的な学力の向上は望めるかもしれないが，将来的な学力には寄与しない。

　遊びをとおして幼児期に形成されるべきは，自らの活動の中に面白さを発見する力である。いわば，「**内発的動機づけを自ら育む力**」である（第9章も参照）。内発的に動機づけられた活動は深まり持続する。保育者や教師や親が最も大切にすべきは，「面白発見力」発現のサインともいえる「あっ，いいものみぃつけた」「いいことかんがえた」という子どもの声なのだ。　　（西尾　新）

引用文献

ベネッセ教育総合研究所（2014）．第2回幼児教育・保育についての基本調査［2012年］Retrieved from http://berd.benesse.jp/jisedai/research/detail1.php?id=3291（2016年3月30日）

ベネッセ教育総合研究所（2015）．第5回幼児の生活アンケート　速報版［2015年］Retrieved from http://berd.benesse.jp/jisedai/research/detail1.php?id=4770（2016年3月30日）

ベネッセ教育総合研究所（2016）．園での経験と幼児の成長に関する調査 Retrieved from http://berd.benesse.jp/jisedai/research/detail1.php?id=4940（2016年9月5日）

別府　哲（2005）．共同注意：同じものを見る　子安増生（編）　よくわかる認知発達とその支援（pp.80-81）　ミネルヴァ書房

Goldin-Meadow, S.（2015）. Gesture and cognitive development. In R. M. Lemer, L. S. Liben, & U. Mueller（Eds.）, *Handbook of child psychology and developmental science*, Vol. 2 : *Cognitive processes*. New York: John Wiley & Sons.

Griggs, R. A., & Cox, J. R.（1982）. The elusive thematic-materials effects in Wason's selection task. *British Journal of Psychology, 73*, 407-420.

Heckman, J. J.（2013）. *Giving kids a fair chance*. MA: MIT Press.（古草秀子（訳）（2015）. 幼児教育の経済学　東洋経済新聞社）

Johnson, M.（1987）. *The body in the mind*. Chicago: The University of Chicago.（菅野盾樹・中村雅之（訳）（1991）. 心のなかの身体　紀伊國屋書店）

厚生労働省（2008）．保育所保育指針解説書 Retrieved from http://www.mhlw.go.jp/bunya/kodomo/hoiku04/pdf/hoiku04b.pdf（2016年6月11日）

Lakoff, G., & Johnson, M.（1999）. *Philosophy in the flesh: The embodied mind and its challenge to Western thought*. New York: Basic Books.

Lakoff, G., & Núñez, R. E.（2003）. *Where mathematics comes from*. New York: A Member of the Perseus Books Group.

Marcon, R. A.（2002）. Moving up the grades: Relationship between preschool model and later school success. *Early Childhood Research and Practice, 4*（1）. Retrieved from http://ecrp.illinois.edu/v4n1/marcon.html（2016年6月11日）

丸山良平・無藤　隆（1997）．幼児のインフォーマル算数について　発達心理学研究, *8*（2）, 98-110.

Miller, E., & Almon, J.（2009）. *Crisis in the kindergarten: Why children need to play in school*. Retrieved from http://eric.ed.gov/?id=ED504839（2016年6月11日）

文部科学省（2008）．幼稚園教育要領の解説　Retrieved from http://www.mext.go.jp/a_menu/shotou/new-cs/youryou/youkaisetsu.pdf（2016年6月11日）

中垣　啓（1987）．論理的推論における主題化効果の発達的研究　国立教育研究所研究集録, *15*, 49-72.

中村絋子・川口　潤（2006）．必要性および十分性が Wason 選択課題における主題化効果・視点効果に与える影響　人間環境学研究, *4*（1），23-28.

The EME Project (1982). *Early mathematical experiences.* London: Addion-Wesley Publishers.（角尾　稔・永野重史（訳）（1989）．生活の中で身につく幼児期の数体験　チャイルド社）

Wason, P. (1966). *Reasoning: In new horizons in psychology.* Hammondsworth, UK: Penguin.

山名裕子（2004）．幼児における連続量の分配行動—分離量を用いた実験結果との比較—　教育心理学研究, *52*, 255-263.

幼児教育方法研究会（1994）．平成5年度文部省「教育方法の改善に関する調査研究」委託研究報告書：幼児期における数量的思考力の基礎となる能力の発達と幼稚園におけるその指導方法の開発に関する研究　東京家政大学内・幼児教育方法研究会

コラム 9　学びと遊び

「子どもたちが，生涯をとおしてよりよい学習者になる」それが筆者の教育活動の目標である。小学校の教師であるため，子どもたちが主体的に学ぶ姿勢を身につけることを一番大切にしたいと考えている。

しかし，現実の子どもたちは，学習を指示されたことを「こなすもの」と捉えていると感じることが多い。小学校でも高学年となると，学習に集中することなく時間をつぶし，やり方だけを覚え，ドリル学習をそつなくこなしていく。学習はそんなものだと考えている子がいる。自分の力を発揮することなく，小さな枠の中に閉じこもって安楽に過ごしてしまっているかのように思える。こうした子どもたちが主体的な学習姿勢をもつようになるには，学習の指導だけでなく子どもが本来もっている活力を取り戻すことが必要だと考えている。

筆者は，缶蹴り，Sケン，陣取りなど昔の遊びを子どもたちに広めている。

缶蹴りの終盤，鬼の一瞬の隙をついて一人の子どもが缶を蹴ろうと迫ってくる。鬼以外の全員の視線が釘付けになる。時が一瞬止まる。蹴られた缶が宙に舞った次の瞬間，歓声とともに四方に子どもたちが散らばっていく。蹴った子はヒーローとなる。学校生活のなかで，こんな輝いた一瞬を得ることはない。

Sケンは激しい遊びだ。押したり引いたり泥だらけになって遊ぶ。最初，女の子は怖気づいて入り込めない。男の子はけんかになったりもする。しかし，慣れてくると，男女関係なく夢中になって遊ぶようになる。

夢中で遊んでいるうちに，これまであまり関係をもたなかった子ども同士が協力したり，みんなで知恵を絞って作戦を考えたりするようになる。

ある子は，「今までSケンみたいに激しい遊びはしたことがなかった。怖くてなかなか入れなかった。でもいったん入ると夢中になった。そして，これまで何にでも少し距離を置いていたのが，今していることに自分も参加している。自分にも関係があることなんだ，と実感した」と話していた。

子どもにとって遊びは重要だ。遊ぶことをとおして，夢中になって取り組むことの喜びを知り，活力，好奇心などを取り戻していく。

遊ぶことで今までの小さな枠から脱した子どもは，学習においても，難しい課題を解決したくて休み時間も学習に没頭したり，苦労して考えること自体を面白がったりするなど，遊びと学習との垣根が消え，次第に「遊ぶように学ぶ」ことができるようになる。

「遊ぶように学ぶ」そんな学びが教室に溢れるよう，取り組んでいきたい。

（神田　豊）

第11章　コンピテンシー・ベースの教育に向けて
メタ認知と自己調整学習から考える

1．コンピテンシーを育てるという課題

　OECD（経済協力機構）によるPISA（生徒の学習到達度評価）の実施以降，リテラシー，スキル，コンピテンシーなどの用語が広く使われるようになった。中でも，**コンピテンシー**（competency）は，次世代の能力を考える上で重要な概念の1つとして扱われており，現在，教育実践場面への導入のあり方が注目されている。ライチェンとサルガニクは，このコンピテンシーを，「心理社会上の前提条件が流動する状況で，固有の文脈に対して，その複雑な需要にうまく対応する能力で，学習可能で教えることのできるものであり，知識，スキル，態度，動機づけ，感情，その他の社会的構成要素すべてを含むもの」と説明している（Rychen & Salganik, 2003）。

　PISAの実施と並行して，1997年末より，OECDやスイス連邦の主導のもと行われてきたDeSeCo（コンピテンシーの定義と選択：その理論的概念的基礎）プロジェクトでは，従来の知識や技能の習得に絞る学力観には限界があり，むしろ学習意欲から実際の社会参加に至る広く深い能力観，いわゆる人の根源的な力に相当するコンピテンシーに基礎づけられた教育の重要性が提言された。具体的には，従来の読み，書き，計算の力といった基礎的学力に加えて，「どんなコンピテンシーを身につければ，人生の成功や幸福を得ることができ，社会の挑戦にも応えられるのか？」「その時代や状況に応じてどんなコンピテンシーが重要となるのか？」といった視点から，教育の専門家に加え，経済や政治，福祉を含めた学際的領域の専門家と，12の加盟国との協議によって概念定義が行われた（Rychen & Salganik, 2003）。その結果，図11－1に示すとおり，**キー・コンピテンシー**と呼ばれる，「社会的に異質な集団での交流（異質な集

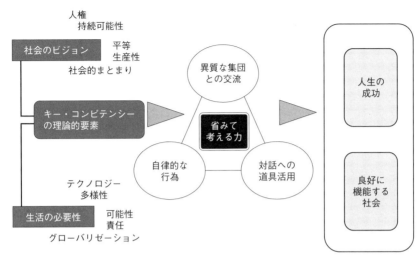

図11-1 DeSeCoの全体枠組みにおけるキー・コンピテンシー
(Rychen & Salganik, 2003 立田監訳 2006)

団との交流)」「自律的に活動すること(自律的な行為)」「道具を相互作用的に活用すること(対話への道具活用)」という3つのカテゴリーに分類し，このコンピテンシーの核心に，「反省性(省みて考える力)」[1]を置く定義がなされた (Rychen & Salganik, 2003)。

反省性は，3つのキー・コンピテンシーに共通する特徴とされる。私たちが生きることには，他者と交流すること，自ら行動すること，道具を用いること，を伴う。それに加えて，現代を生きることには，他者と交流するだけでなく「社会的に異質な」集団の中で他者と交流すること，活動するだけではなく「自律的に」活動すること，道具を使うだけではなく「相互作用的に」使うこと(知識や技能を創造し，応用すること)，を伴う。この3つの活動にはすべて，生活への思慮深いアプローチ，すなわち，経験から学び，自ら考え，自明とされていることを問い直すことの基盤となる「反省性(省みて考える力)」が必要だというのである (Rychen & Salganik, 2003 立田監訳 2006)。

---

[1] 反省性は reflectiveness の訳である。relection という用語は，反省の他に省察とも訳される (コラム10も参照)。

コンピテンシーに示されるような，実社会へと開かれた，領域横断的な能力をいかに育てるか。この課題は新しいだけでなく，個人の人生の幸福や円滑な社会生活を視野に入れた包括的な課題である。本章では，その一部になるが，「反省性」に含まれる技能であるメタ認知と，知識，スキル，態度，価値観すべてを含むコンピテンシーを育てる学び方につながる自己調整学習を取り上げ，実践の手がかりとしたい。

2．メタ認知能力

(1) メタ認知能力とは

メタ認知とは，認知についての認知，すなわち私たちの行う認知活動を対象化して捉えることをいう（三宮，2006）。たとえば，漢字を覚える際には，偏と旁に分けて，その成り立ちを考えながら書いた方が記憶として定着しやすいとか，問題解決を成功させるために，理解できることとそうでないことをあらかじめ区別するといったように，自らの理解状態や学習状況をふまえて，学習に対する見通し（いわゆる学習計画）を立てることもあるだろう。このように，通常の認知活動（知覚，記憶，学習，言語，思考など）をより高次の視点から捉えることをメタ認知という。

メタ認知は，図11-2に示すとおり，**メタ認知的知識**と**メタ認知的活動**に大きく分けられる（三宮，2008）。

メタ認知的知識とは，メタ認知の中の知識成分をさす。このメタ認知的知識は，さらに「人間の認知特性についての知識」「課題についての知識」「方略についての知識」に分けることができる。「人間の認知特性についての知識」は，たとえば，「私は物事を批判的に考えることが苦手だ」といった個人内にみる認知特性についての知識や，「AさんはBさんよりも創造的に物事を考える力が高い」といった個人間の比較にもとづく認知特性についての知識，「自分が興味をもって学習したことはそうでない学習状況下に比べ身につきやすい」といった人間一般に当てはまる認知特性についての知識などをさす。「課題についての知識」は，「くり下がりのある引き算はくり下がりのない引き算よりも間違えやすい」といった知識をさし，「方略についての知識」は，「ある事柄に

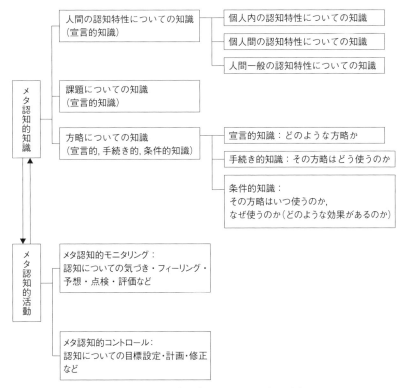

図11-2 三宮（2008）によるメタ認知の分類

ついての理解を深めるためには、誰かにその内容を説明する活動を取り入れることが有効である」といった知識をさす。

　一方、メタ認知的活動は、「メタ認知的モニタリング」と「メタ認知的コントロール」に分類される。「メタ認知的モニタリング」は、認知状態をモニターすることをさす。たとえば、「ここが分からない」といった認知についての気づき、「何となく分かる」といった認知についてのフィーリング（感覚）、「この問題は時間をかければ解けそうだ」といった認知についての予想、「このやり方で良いのだろうか」といった認知の点検などが含まれる。また、「メタ認知的コントロール」は、認知状態をコントロールすることをさす。たとえば、「誰かにその内容を説明することができるように理解しよう」といった認知の

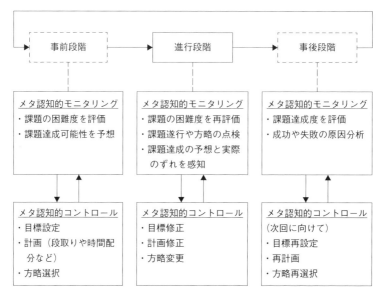

図11-3 三宮（2008）による課題遂行の各段階におけるメタ認知的活動

目標設定，「分かるところから始めよう」といった認知の計画，「このやり方ではダメだから，別のやり方をしてみよう」といった認知の修正などが含まれる。「メタ認知的モニタリング」と「メタ認知的コントロール」は密接に関連して機能しており，人間は，自分自身の考えや行動を絶えずオンラインでモニタリングしながら，そのときの状態に応じて，やり方を変化させている。

　課題遂行の各段階におけるメタ認知活動について，三宮（2008）は，図11-3のように整理している。

(2) メタ認知能力を育むためには

　メタ認知能力を育む方法は，これまで様々な領域で数多く提案されてきた。たとえば，三宮（2008）は，「PIFS（Practical Intelligence For School）プロジェクト」で，学習力を高めるメタ認知を促すための方法として，およそ以下の7点を挙げている。

　①学ぶことが何を目指しているのかを明らかにすること
　　（いわゆる目的意識を促すこと）

②問題解決に取り組む上で有用であろうメタ認知的方略や手がかりを提示すること（方法意識を促すこと）
③児童・生徒が，自身の学びをふり返ったり必要に応じて修正したりする機会や，そのために必要な学習シートや学びの成果を確認するための質問を用意すること（成果意識を促すこと）
④教えあい活動を取り入れた共同学習を採用すること
⑤問題状況に即した理解（文脈化）に加えて，応用場面における問題解決と理解（脱文脈化）を経験させること
⑥異なる考えをもつ他者と討論させること
⑦上記の①から⑥の学習指導の実践をとおして，教師が，自らの教え方についてのメタ認知を高めること

ここで特に注目したいのが，児童・生徒のメタ認知能力を育む方法として，①から⑥にみる，児童・生徒に直接働きかける指導実践に加えて，⑦のような，教師自身が，指導実践を省察する力，実践に対するメタ認知能力を高めることが期待されている点である（コラム10参照）。メタ認知能力の育成に際して，指導実践の有用性を児童・生徒の学びにみることにとどまらず，教師自身の実践から確認する機会をもつことが重要といえる。

3．自己調整学習

（1）自己調整学習とは

　ジンマーマン（Zimmerman, 1989）は，**自己調整**を「教育目標の達成を目指して学習者自らが創り出す思考，感情，行為」と定義した。さらに，このジンマーマンの定義をふまえて，伊藤（2010）は，思考を「メタ認知」，感情を「動機づけ」，行為を「行動」と表現し，自己調整を「学習者が，メタ認知，動機づけ，行動において，自分自身の学習過程に能動的に関与していること」と説明している。

　学習目標の設定や学習方略の選択に加え，学習の経過を適切にモニターし修正を行うといった「メタ認知」，学習意欲の維持に関連した「動機づけ」，さらには学習結果の自己評価などの問題に適切に対処する「行動」といった自己調

整機能をうまく働かせながら，学習者自らが学習を進めていくあり方は，**自己調整学習**と呼ばれている。急速な変化を遂げる現代社会においては，この自己調整学習に関わる教育実践に大きな関心が寄せられている。

(2) 自己調整学習のプロセス

シャンク（D. Schunk）とジンマーマン（B. Zimmerman）は，自己調整学習には「予見の段階」「遂行コントロールの段階」「自己省察の段階」といった3つの循環的段階があり，これらのフィードバック・ループを通じてより効果的な学習が可能となることを主張している（Schunk & Zimmerman, 1998）。自己調整学習のプロセスを図示したのが，図11-4である。

「**予見の段階**」は，学習に取り組む際の準備段階に相当し，学習目標を設定したり学習方略を計画したりすることをはじめ，学習を進めるための原動力となる「自己効力感（self-efficacy）」や「おもしろそう」「やってみたい」という興味や関心などで構成されている。「自己効力感」は，バンデューラ（Bandura, 1977）が唱えた期待に関する概念で，課題に対して学習者がもつ「やれそうだ」「できそうだ」といった肯定的な見通しや信念を意味している。

「**遂行コントロールの段階**」は，学習の遂行過程で自らの行動を調整し，効果的な学習行動を促進したり，非効果的な行動を制御したりする段階である。

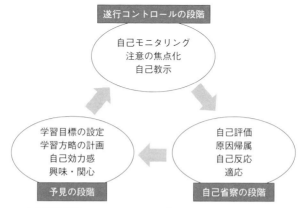

図11-4　**自己調整学習における3段階のプロセス**（伊藤，2010をもとに筆者が作成）

自分の思考や行動をモニタリングしたり，課題の重要な部分に注意を焦点化したり，課題の解決に向けてどのような行動を取るべきかを自分自身に教示したりすることなどがこれに当たる。

「**自己省察の段階**」は，学習の遂行後に生じる過程に相当し，学習結果にもとづく自己評価や，結果に対する原因を推論する原因帰属，さらには結果への満足や不満足などの自己反応，次の学習課題に向けて反省点を役立てる適応を含んでいる。この自己省察の結果は，循環して「予見の段階」に影響を及ぼし，フィードバック・ループをなすと考えられている。

（3）学習者による自己調整学習の違い

これまでの研究成果によると，**上達した学習者**と**初歩の学習者**とでは，自己調整学習の過程に違いがみられることが知られている（善明，2013）。

「予見の段階」では，目標設定や目標志向性に関して違いがみられる。目標設定では，上達した学習者が具体的で順序性のある階層的な目標をもつのに対して，初歩の学習者は，一般的で遠い目標をもつ傾向が強いことが知られている。また，上達した学習者は，習得への目標志向性をもち，学習を通じて自分の能力を向上させることに意味を見出すのに対し，初歩の学習者は，遂行への目標志向性をもち，他者との比較によって自分を評価する傾向が強いとされる。

「遂行コントロールの段階」では，自己モニタリングに関して，上達した学習者は，遂行過程を事実と結果にもとづいて体系的にモニターすることができるのに対して，初歩の学習者は，その制御を外的結果や断片的情報に委ねると考えられている。また，注意の焦点化や自己教示にも違いがみられ，上達した学習者は注意を集中でき，イメージ化や自己指導を活用して課題に取り組むのに対して，初歩の学習者は，自分の情動や周囲の状況に引きずられやすく，セルフ・ハンディキャッピング方略を用いやすいとされている。自己指導とは，遂行過程で用いている方略を，自ら言語化することなどによって学習を方向づけしていくことで，セルフ・ハンディキャッピング方略とは，わざと努力をしなかったり，課題の遂行を遅らせたりすることなどによって，意図的に障害を作り出すことである。その目的は，結果の能力不足への帰属を回避し，自分にとって都合が良い自己反応を維持するためであるとされている。

「自己省察の段階」では，自己評価，原因帰属，自己反応などの面で違いがみられる。上達した学習者は，学習への努力を自己評価する機会を求め，うまくいかなかったのは用いられた方略や学習方法に問題があったり，練習が不十分であったりするからだと考えることから，不適切な自己反応を回避することができ，次の課題に対して期待をもつことができる。一方，初歩の学習者は，自己評価を避け，失敗の原因を能力に帰属することから，マイナスの自己反応が生じ，次の課題への期待ももてずに，学習サイクルを回避したり，途絶したりするようになると考えられている。

では，自己調整のできる上達した学習者を育てるにはどうすればよいのであろうか。

（4）自己調整のできる上達した学習者を育てるヒント

最後に，自己調整のできる上達した学習者を育てるヒントについて，実際の授業実践を例に考えてみたい。

小学校4年生の算数の授業，「面積」の単元の導入「広さくらべ」の授業において，先生は，学級の児童に見える程度に縮小した1辺を6mとする正方形と，縦5m横7mの長方形を，黒板に横並びに掲示した。その後，次のような言葉のやりとりが展開された（黒澤，2014）。

　　先生　（提示しながら）よく見てね。
あさだ　正方形と長方形だ。
いしだ　正方形は6mで，長方形は7mと5mだ。
うすだ　じゃあ，正方形のまわりの長さは24mで，長方形は……あ，同じだ。
　　先生　「あ，同じ」だって。「同じ」に気付いた。いいことに気付くね。何が同じ？　うすださんの言ったことわかる？
えせだ　正方形と長方形のまわりの長さが，24mで，まわりが同じです。
おそだ　じゃあ，広さも同じじゃん。
　　先生　「広さ同じ」「広さも」だって。「広さも同じ」だってさ……。
かただ　そうそう，広さも同じだよ。だってさ，まわりが同じだからさ。

きちだ　え？　本当かな。正方形の方が広く見えるよ。なぜ同じなの？
　　先生　「なぜ同じか」だね。
　くつだ　同じに決まってるじゃん。なぜかというと，そのわけはさ……，
　　　　　まわりの長さが同じだからさ。
　　先生　よく理由を言えたね。さて，これからどうするかな。
（上記の児童名は，いずれも仮名。）

　この授業は，先生が提示した状況に，子どもが素直に反応している点で，一見すると，特徴のない一斉指導の典型のように捉えられるかもしれない。しかし，この授業では，子ども同士の連続した会話のなかに，先生が適宜介入することにより，問いが生成されている。
　まずはじめに，先生は，正方形と長方形を並列的に提示した。そこに，子どもは，まわりの長さが同じであることに気づき，発言を始めた。
　次に，その気づきから生じた子どもの発言に，教師は，以下のような「言葉かけ」をした。

　　先生　「あ，同じ」だって。「同じ」に気付いた。いいことに気付くね。何
　　　　　が同じ？　うすださんの言ったことわかる？

　この「**言葉かけ**」の中には，子どもの自己調整を促す上で効果的で機能的な，次の4つの「手続き的知識」を帰納的にみてとることができる（黒澤，2014）。
　1つに，子どもの言葉「『あ，同じ』だって」と，繰り返すように「同じ」を再生し紹介している。これは，価値ある子どもの言葉を紹介し強調する「紹介リボイス」と呼ぶ「言葉がけ」である。
　2つに，「『同じ』に気付いた。いいこと気付くね」と，先生が子どもに，気付いたこととともにその能力をもフィードバックしている。「同じ」に着目して考えたその能力を肯定的に強調して返す「思考力フィードバック」（能力帰属フィードバック）である。
　3つに，「何が『同じ』なの」かと，先生が子どもに，「同じ」の主語を明確に求めている。主語を明確にすることで，数学的に集合の元（要素）を求める

こと，さらに概念の外延を求める「求語求問（主語を求める問いかけ）」である。

4つに，発言した子どもの名前をきちんと挙げ，他の子どもたちに投げかけている。子どもを尊重する気持ちが伝わるとともに，「自己効力感」をも鼓舞する「氏名挙げ」である。

教師は，子どもたちが独力で，自らの対話の中に「手続き的知識」，いわゆる自己調整に資する方略を見出すことができるように，日頃から子どもたちの言動に注意を払うことが重要となる。教師による，方略の意識的な使用が，子どもたちの方略習得，獲得の前提となることを理解しておきたい。

さらに，教師の「言葉がけ」は，

先生　「広さ同じ」「広さも」だって。「広さも同じ」だってさ……。
（中略）
先生　「なぜ同じか」だね。
（中略）
先生　よく理由を言えたね。さて，これからどうするかな。

と子どもたちとの対話のなかで展開していく。教師による，授業における効果的な対話の展開の仕方，問いの立て方の追求が，子どもたちの対話を展開する力，問いを立てる力を向上させる前提条件となるのである。

最後に，子どもたちのメタ認知能力，自己調整する力を高める上で，教師自身が授業で繰り広げられた言動をふり返る機会をもつこと，すなわち，教師自身のメタ認知能力，自己調整する力を向上させることが重要であることを指摘しておきたい。

（梶井芳明）

引用文献

Bandura, A. (1977). *Social learning theory*. Englewood Cliffs, NJ: Prentice Hall.

伊藤崇達（2010）．自ら学ぶ力を支えるもの　森　敏昭・青木多寿子・淵上克義（編著）よくわかる学校教育心理学（pp.116-117）　ミネルヴァ書房

黒澤俊二（2014）．教師の「言葉かけ」を減じていく学び合う教室をめざして―子どもを誘発する機能的で帰納的な4つの手続き的知識の一事例―　新しい算数研究, *525*, 4-7.

Rychen, D. S., & Salganik, L. H. (Eds.) (2003). *Key competencies for a successful life and a well-functioning society*. Cambridge, MA: Hogrefe & Huber Publishers.（立田慶裕（監訳）(2006). キー・コンピテンシー――国際標準の学力をめざして　明石書店）

三宮真智子（2006）．メタ認知　森　敏昭・秋田喜代美（編著）　教育心理学キーワード（pp.104-105）　有斐閣

三宮真智子（編著）(2008)．メタ認知―学習力を支える高次認知機能　北大路書房

Schunk, D. H., & Zimmerman, B. J. (Eds.) (1998). *Self-regulated learning: From teaching to self-reflective practice*. New York: The Guilford Press.

善明宣夫（2013）．学習指導をめぐる諸問題　善明宣夫（編著）　学校教育心理学［改訂版］（pp.63-80）　福村出版

Zimmerman, B. J. (1989). A social cognitive view of self-regulated academic learning. *Journal of Educational Psychology, 81*, 329-339.

コラム10　リフレクション

　オランダの教師教育者コルトハーヘン（F. Korthagen）は，教員養成段階にある大学生が，実際に教師となったときに，実習のときには気づくことのできなかった教職を取り巻く現実や教職の責任の重大さ，さらにはそれらの複雑さに直面し，「移行に対するショック」と呼ばれる深刻な課題とストレスに直面することを問題視している（Korthagen et al., 2001）。そして，このショックを軽減しつつ，実際の教職を想定した教師教育を，ALACT モデル（Action：経験・行為→Looking back on the action：経験のふり返り→Awareness of essential aspects：本質的な諸相への気づき→Creating alternative methods of action：行為の選択肢の拡大→Trial：実践）にもとづくプログラムにより実践している。このプログラムの核となるのは，「実習生として現場で経験したことへのリフレクション（省察）」であり（村井，2015），経験による学びの理想的なプロセスは，行為と省察がかわるがわる行われることであるとされる（中田，2010）。

　ALACT モデルでは，次の8つの質問（「8つの窓」と呼ばれる）を用いてふり返りが行われる。
　1　自分は何をしていたのか？（Do：何をしたか）
　2　自分は何を考えていたのか？（Think：どう考えたか，思ったか）
　3　自分はどんな感情をもっていたのか？（Feel：どう感じたか）
　4　自分は何をしたいのか？（Want：何がしたかったか）
　5　相手は何をしていたのか？
　6　相手は何を考えていたのか？
　7　相手はどんな感情をもっていたのか？
　8　相手は何をしたいのか？

　「自分」と「相手」との違いをふり返らせる質問を通じて，実践経験にもとづく深い学びを促そうとする試みや，行動や思考レベルだけでなく，感情レベルの動きもふり返りの対象として扱っている点が，ALACT モデルの特徴である。　　　　　　　　　（梶井芳明）

Korthagen, F., Kessels, J., Koster, B., Lagerwerf, B., & Wubbels, T. (2001). *Linking practice and theory: The pedagogy of realistic teacher education*. Mahwah, NJ: Lawrence Erlbaum Associates.（武田信子（監訳）(2010). 教師教育学―理論と実践をつなぐリアリスティックアプローチ　学文社）

村井尚子 (2015). エピソード記述と教育的契機の記述による教育実習へのリフレクション　大阪樟蔭女子大学研究紀要, *5*, 185-194.

中田正弘 (2010). 実践過程における教師の学びとリフレクション（省察）の可能性　帝京大学教職大学院年報, *1*, 13-18.

第12章　インクルーシブ教育への現状と課題
発達障害の子どもとどう向き合うかを中心に

1．インクルーシブ教育と特別支援教育

（1）「すべての子どもたち」を対象にするインクルーシブ教育

　1994年，ユネスコ（国際教育科学文化機関）が開催した「特別なニーズ教育に関する世界会議」のサラマンカ声明で，「通常の学校内にすべての子どもたちを受け入れるという，インクルーシブ教育の原則」が提唱された。**インクルーシブ教育**とは，誰もが相互に人格と個性を尊重し支え合う共生社会の実現を目指すものである。この宣言では，「障害児や英才児，ストリート・チルドレンや労働している子どもたち，人里離れた地域の子どもたちや遊牧民の子どもたち，他の恵まれていないもしくは辺境で生活している子どもたち」を対象とするとある。現在の日本においては，いわゆる普通といわれている子どもに限らず，障害のある子ども，不登校の子どもや海外から来た子ども，少数民族の子どもなどが対象になると考えられるだろう（不登校の子どもについては第4章参照）。

（2）特別支援教育

　世界的に「インクルーシブ教育」という大きな方向性が示されるなかで，障害をもつ子どもの発達と支援は，今日重要な教育課題である。**特別支援教育**は，障害の有無によって子どもを分けて教育しようという分離教育からインクルーシブ教育への転換を目指すものである。

　特別支援教育の歴史をたどっておこう。1994年のサラマンカ宣言を受けて，2001年ごろから，文部科学省は，特殊教育という言葉に代えて特別支援教育を使いはじめ，制度改正を進めた。「今後の特別支援教育の在り方について（最

終報告)」(2003) において，特別支援教育は，従来の特殊教育の対象となっていた障害だけではなく，学習障害 (LD)，注意欠陥多動性障害 (ADHD)，高機能自閉症 (次節「自閉症 (自閉症スペクトラム障害)」参照) も含めて障害のある児童生徒を対象とすることとなり，2007年度から本格的に開始された。その理念について，「障害のある幼児児童生徒の自立や社会参加に向けた主体的な取組を支援するという視点に立ち，幼児児童生徒一人一人の教育的ニーズを把握し，その持てる力を高め，生活や学習上の困難を改善又は克服するため，適切な指導及び必要な支援を行うものである」とされている (中央教育審議会，2005)。その後，日本は，2006年の国連総会で採択された，インクルーシブ教育を原則とする「障害者の権利に関する条約」に2007年に署名し，2014年に批准した。日本の障害児教育は，分離教育，統合教育から，「子どもたちを最初から分けずに，すべての子どもたちを包み込む」というインクルーシブ教育の方向へと進もうとしている。

そこで，本章では，障害についての理解を深めた上で，日本の特別支援の現状とインクルーシブ教育に向けた課題について考えたい。

2．障害の理解

(1) 障害について

世界保健機構 (World Health Organization：WHO) は，「**国際障害分類**」(International Classification of Impairments, Disabilities, and Handicaps：ICIDH) において，疾患・変調，機能・形態障害，能力障害，社会的不利から構成される下位層モデルを示した (図12-1)。疾患や変調によって機能・形態障害 (生物学的病理状態が表面化すること) が生じ，それによって能力障害 (個人が活動する能力や範囲が制限ないし欠如すること) が生じて社会的不利

図12-1　国際障害分類 (ICIDH) におけるモデル (上田，2002)

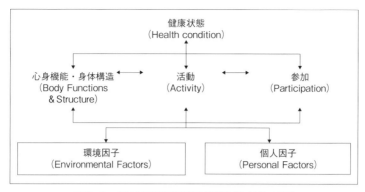

図12-2　ICFの構成要素間の相互作用（上田，2002）

（その個人にとっての文化的・社会的・経済的・環境的な不利益）がもたらされるとした。

　さらに，WHOは2001年にこのICIDHの改訂を行い，「**生活機能と障害の国際分類**」(International Classification of Functioning, Disability, and Health：ICF) を定めた。ICFでは，個人の活動を中心に置いて，背景因子（環境因子・個人因子），生活機能（心身の機能・活動・参加），健康状態が相互に影響することが示されている（図12-2）。すなわち，心身の機能（機能障害の程度）と活動（個人の活動状況や制限の程度）や参加（生活や人生場面への参加状況や制約の程度）は相互に関連しているが，その背景として環境因子（物的環境（ユニバーサルデザイン等）や人的環境（援助者の存在等），社会的環境（サービスや制度））と個人因子（年齢，性別やライフスタイル等）もそれらと相互に影響を与え合っていると考えるのである。

　これによって，「疾病の結果」の分類から「健康の構成要素」の分類に視点が移行され，障害を個人の属性としてではなく，人と環境との関わり方，相互作用のあり方として捉えられるようになった。たとえば，落ち着きがなく，授業中はそわそわして手遊びばかりしているが，運動が得意で人気者の男の子がいたとしよう。その子がじっと座っているのは苦手だが，教師や友だちの声掛け等があれば落ち着くことができ，本人も周りも困ることなく過ごせるのであれば，それを障害と呼ぶ必要はないのである。

（2）発達障害の理解

次に，近年その存在が教育現場に大きな影響を与えている発達障害についてみてみたい。発達障害者特別支援法（文部科学省，2004）において，**発達障害**は「自閉症，アスペルガー症候群その他広汎性発達障害，学習障害，注意欠陥多動性障害その他これに類する脳機能の障害であってその症状が通常低年齢において発現するものとして政令で定めるもの」と定義されている。また，同法では，発達障害者（発達障害を有するために日常生活または社会生活に制限を受ける者），発達障害児（発達障害者のうち18歳未満の者）の早期発見と早期発達支援，義務教育段階での支援だけでなく，大学・高等専門学校での適切な教育上の配慮，就労支援，地域での生活支援，発達障害者の家族への支援など，一貫した支援の必要性がうたわれている。

自閉症（自閉症スペクトラム障害）

定　　義　自閉症は，「3歳くらいまでに現れ，①他人との社会的関係の形成の困難さ，②言葉の発達の遅れ，③興味や関心が狭く特定のものにこだわることを特徴とする行動の障害であり，中枢神経系に何らかの要因による機能不全があると推定される」と定義されている（文部科学省，2003）。①は対人相互関係の困難のことで，たとえば，目を合わせられないこと，身振りや顔の表情などの非言語的コミュニケーションをうまく理解したり使用したりできないこと，人に感情移入したり共感したりすることの少なさ等が挙げられる。②は言葉の障害のことで，言葉の遅れ，文脈にそぐわない独語，相手の発言にオウム返しをすることなどがみられる。③は行動や興味の限局化や常同性のことで，生活の様々な場面で同一のパターンの習慣を保とうとする傾向を表している。たとえば，おもちゃを一列に並べることにこだわったり，いつもの決まった道順でないとひどいかんしゃくを起こしたりするなど，小さな変化にひどい苦痛を感じることがある。その他の特性としては，視覚，触覚等の感覚を整理したりまとめたりする脳の働きである感覚統合が弱いこと（服の縫い目の感覚に耐えられなかったり，骨折していても平気な顔をしていたりするなどの感覚の過敏さまたは鈍感さなど）がある。自閉症の原因について，1960年代後半までは養育者の養育態度だと考えられていたが，現在ではまったく否定され，中枢神経系の機能不全だと考えられている。

問題になりやすい行動とその支援　　自閉症の子どもは、刺激に敏感なために、音やにおいなどで他の人が思いもよらない苦痛を味わっていたり、見通しが立たないことによってパニックを起こしたりすることがある。その場合、たとえば、本人にとって不快な刺激を減らしたり、見通しをもつためにカードや表などで一日の流れを視覚的に示したりするなど、その子どもの特性に合わせて工夫することが望ましい。パニックに関しては、無理に止めず、あらかじめ保護者などから対処法について聞いておき、できるだけ静かで1人で落ち着ける場所を本人とともに見つけておくことが必要だろう。自分には感じられないからと軽視したりわがままだと一蹴したりせず、苦痛を和らげる方法を講じることが重要である。

また、特に知的・言語的発達の遅れを伴わない高機能自閉症やアスペルガー障害と呼ばれていた子どもたち[1]に多いのが、場の状況にそぐわない言動による対人関係トラブルである。これは、言語に表面的な遅れはないものの、対人関係を円滑にするために必要な暗黙のルールが分からないために起こりやすい。たとえば、人に無関心で目を合わせたりあいさつをすることができなかったり、見知らぬ人に握手して回ったりというような人への接近の仕方が場にそぐわないこと、ルール違反をした友だちに対してしつこく糾弾したり、相手の発言の裏にある意図を読めずに字義どおり解釈してしまったりすることがある。

このような障害の特徴については、認知の発達の側面から、自分の感情や意図とは異なる他者の感情等を理解する能力（「心の理論」、第1章参照）の獲得が困難だからではないかという説明がなされている（Baron-Cohen, 1989）。この能力は、定型発達児では通常4歳程度で獲得されるが、自閉症児はおよそ10歳以上で、言葉の発達が7歳相当であることが必要だとされる。また、「心の理論」を獲得しても、普段の生活でうまく使うことが難しく、過剰に言語的・論理的に対処してしまうことが知られている。一方、関係性発達の視点からは、

1　DSM-5（精神疾患の分類と診断・統計マニュアル）（APA, 2013）では、広範性発達障害の下位分類がなくなって「自閉症スペクトラム障害」として統合され、知的障害の有無、言語障害の有無で区別されることとなった。よって、言語障害がその特徴から外れ、下位に分類されていたアスペルガー障害が削除されて、知的・言語的障害を伴わないものとして分類されることとなった。自閉症スペクトラムとは、言語、認知、社会性、情緒、動機づけなどの広い範囲の能力が様々な程度障害された連続体（スペクトラム）をなしていることを意味している。

自閉症をもつ子どもは，他者の動きを見てあたかも自分が行ったように感じ，感覚的に他者の行為の意図や感情などを理解する能力が損なわれているのではないかという説明がなされている（Bråten, 1998）。たとえば，バイバイと手を振るのを模倣させると，定型発達児はかなり早くから見たものを表裏反転させ，相手に掌を見せてバイバイをするのに対して，自閉症児は自分の方に掌を向けてバイバイをすること（逆転バイバイ）がよくみられる。この能力の弱さによって，他者と経験を共有して情緒的に関わることが困難になりやすいと考えられている。

　これらの視点から，定型発達児が自然と感覚的に捉えている他者の視点や感情を，自閉症児は言語的・論理的に考えて何とか捉えねばならず，それがうまくいかない場合に齟齬が起こることがうかがえる。よって，自閉症の子どもがうまく他者の気持ちを捉えられない（いわゆる「空気が読めない」）ことによって起こる問題には，感覚として分かることを求めず，言葉で状況を説明し，状況に合う反応をともに考えていくことなどが役に立つと考えられるだろう。

ADHD（注意欠陥多動性障害）

定　　義　ADHD（注意欠陥多動性障害）とは，「年齢あるいは発達に不釣り合いな注意力，及び／又は衝動性，多動性を特徴とする行動の障害で，社会的な活動や学業の機能に支障をきたすものである。また，7歳以前に現れ，その状態が継続し，中枢神経系に何らかの要因による機能不全があると推定される」と定義されている（文部科学省，2003）。

問題になりやすい行動とその支援　ADHDには，不注意，多動性，衝動性という3つの行動特性がある。不注意により，物事を順序立てて考えたり，根気良く課題をこなしたりすることが難しくなる。また，ちょっとした周囲の刺激で気が散ってしまう。たとえば，計画的に物事を進めることや整理整頓が苦手であることが多い。また，校庭から歓声が聞こえると授業中でも窓に駆け寄っていく等の行動もよくみられる。多動性が強いと，落ち着きがなく常に動き回っているため，小学校入学後の集団生活場面で問題が大きくなる。成長につれて座っていられる時間は長くなるが，それでも貧乏ゆすりや手遊びなど，身体の一部を常に動かしているという形で残ることがある。衝動性は，思いつくとすぐにやってしまう，結果を考えないで危険な行為を起こしやすいという

ことである。相手の発言を全部聞かずに自分の話をはじめてしまったり，順番を待つことが苦手だったり，すぐに手を出してしまったりするため，トラブルになることが多い。しかし，本人に悪気はなく，落ち着いて説明すれば自分の状態を理解できるので，その活発さを好奇心旺盛で行動力のある良い面として理解し，良い面を伸ばしてあげることが大切になる。一方，不注意だけの場合，特におとなしい女子の場合などは特にその特徴が目立たず，問題にならずに学校生活を過ごすこともある。

　ADHDは児童期に顕著になりやすく，児童の約3％から5％いると推定されている。以前は養育者のしつけがなっていないといわれることが多かったが，脳の機能の障害であり，遺伝的要素，神経伝達物質の1つであるドーパミンやアドレナリンの働きに関係したものが影響していると考えられるようになった。薬物治療も有効と考えられており，最近では薬を服用している子どもも増えてきたが，依存性や副作用の問題もはらんでいるため，専門の医療機関で子どもの気持ちも大切にしつつ導入することが重要だろう。

学習障害

　定　　義　　学習障害とは，「基本的には全般的な知的発達に遅れはないが，聞く，話す，読む，書く，計算する又は推論する能力のうち特定のものの習得と使用に著しい困難を占める様々な状態をさすものである。学習障害は，その原因として，中枢神経系に何らかの機能障害があると推定されるが，視覚障害，聴覚障害，知的障害，情緒障害などの障害や，環境的な要因が直接の原因となるものではない」とされている（文部科学省，1999）。

　問題になりやすい行動とその支援　　学習障害は基本的に「読み，書き，計算」に関わる問題だとされるが，個人によってその発達特徴の差異が比較的大きい（杉山ら，1992）。たとえば，読書障害または難読症などの場合は，視覚・聴覚・運動機能の障害がないのに，文章を読むときに文字や行の読み飛ばしや読み誤りが生じやすい。しかし，同じような誤りであったとしても，子どもがどのように課題を認知し，処理するかという過程は個人差が大きいので，事例ごとに問題を特定し，それを用いて対応を工夫することが課題となってくる。よって，様々な知能検査や作業検査，心理検査を経てその特性を知ることが必要である。

3．「特別な教育的ニーズ」のある子どもへの支援

　ここまでみてきたように，障害とは個人と環境との相互関係で生じるものであるため，必要とされる教育的支援も多様である。さらに，インクルーシブ教育では，すべての子どもたちを対象に一人ひとりの教育的ニーズを把握することが重要となる。学校不適応や外国籍の子どもなども含めた**「特別な教育的ニーズ」のある子ども**への支援についてみてみよう。

(1) 障害をもつ子どもの二次障害について
　二次障害とは，すでにある疾患に新たに加わる障害のことである。障害をもつ子ども，特に知的発達に遅れが少ない発達障害の子どもの場合，その特徴が周囲から理解されず，否定的な評価や叱責等の不適切な対応が積み重なることが多い。その結果，否定的な自己イメージをもったり，自尊心が低下したりしがちであり，情緒の不安定，反抗的な行動，深刻な不適応の状態等といった新たな障害を招くことがある。具体的には，不登校や引きこもり等の非社会的な行動，非行や暴力，怠学等の反社会的な行動，心の問題が身体的症状として表れる心身症や転換性障害，そして，不安神経症や強迫性障害，うつ病や依存症（薬物依存，ネット依存等）などの心理的な問題が挙げられる。
　一方で，何か他者から認められる特技があったり，友人関係で人気者であったりする場合などは自己評価が高く保たれる傾向にあり，その場合は学習にも取り組むことができ，周りからのフォローも受けることができる傾向にあるという報告もある（Rothman & Cosden, 1995）。
　このことから，医療や心理等の専門家と連携してその子どもの特性に合った関わりや教育の工夫がなされることと同時に，自己評価の維持のための心理的フォローも重要であると考えられる。子どもたちが安心できる環境，対人関係の中でお互いの特性を理解し合い，経験を通して適切な行動を学んでいけるよう支えることが望まれる。

（2）障害をもつ子どもたちへの支援

　次に，障害による特別な教育的ニーズへの支援についてみてみよう。

　学校内での対応　　個別の教育支援計画を策定，実施，評価して一人ひとりのニーズにあった教育を工夫すること，特別支援教育コーディネーターを窓口として，学内や福祉・医療等の関係機関，保護者との連絡調整をすることが挙げられる（中央教育審議会，2005）。また，通常学級における少人数学級の実現，複数教員による指導など指導方法の工夫や改善，自校で通級による指導が受けられるように配慮をすることも求められている。

　学校外での対応　　関係機関における専門家（心理士，ソーシャルワーカー，言語聴覚士，作業療法士，理学療法士，看護師等）を活用した支援の充実が図られている。また，特別支援学校が地域のセンター的機能を担い，小中学校等の教員への支援や研修協力，特別支援教育に関する相談・情報提供，障害のある児童・生徒等への指導・支援や施設設備等の提供，関係機関等との連絡・調整をすることが求められている（中央教育審議会，2005）。

（3）学校不適応の子どもたちへの支援

　障害の有無にかかわらず，学習障害，不登校，怠学，非行，校内暴力など，学校不適応を起こしているという点で特別な教育的ニーズをもっている子どもたちへの支援として，以下のものが挙げられる。

　学校内での対応　　学校内での対応としては，担任による家庭訪問，養護教諭やスクールカウンセラーによる相談や指導，スクールソーシャルワーカーによる相談や指導などが挙げられる。近年，家族のあり方が多様化し，虐待の報告も増加していることから，心理や福祉の専門家との連携が求められている。また，外国籍（ニューカマー）の子どもたちは，家庭と学校の文化の違いや養育者の長時間労働等による家庭のサポートの少なさから不適応を起こしやすいこと，幼年期より日本にいる場合は，日本語でのやり取りに問題がないことで手厚いサポートが受けられないことが問題となっている（竹山・葛西，2008）。教師から本人や養育者への積極的な情報提供や，心理や福祉面でのサポートの提供が求められる（ニューカマーの子どもたちについてはコラム3参照）。

　学校外での対応　　学校外での対応としては，適応指導教室，オルタナティ

ブスクール，フリースクール（Free School）などへの参加が考えられる。所属している学校環境が不適応の要因である場合，その生徒の能力や特性を生かせるような多様な価値観をもった学びの場を選択できることが望まれる。

学校内と学校外の連携（教育相談）　学校で不適応を起こした児童・生徒やその親や教師に対して，学校外の訓練を受けた専門家が助言や援助を行うのが**教育相談**である。地方公共団体が設置している子ども家庭センター（児童相談所）や，大学・民間団体が運営する相談室等において行われている。その内容としては，各種心理検査にもとづく心理判定，本人やその親に対して行う面接相談（カウンセリング），臨床心理士等が行う心理療法（遊戯療法，箱庭療法，グループ療法など）などがある。

4．インクルーシブ教育に向けて

(1) 日本の特別支援教育の現状と課題

ここまで，日本の特別支援教育がインクルーシブ教育に向けて進められてきた経緯，障害と教育的支援についてみてきたが，実は，特別支援学校，特別支援学級に在籍する子どもは2007年度以降も増加の一途をたどっている（文部科学省，2014）。つまり，支援機関を使いつつ通常学級の中ですべての子どもの教育的ニーズに応えようとするのではなく，障害の有無で子どもを分けることで，個別の教育的ニーズに応えようとしているというのが現状であると考えられる。その背景には，発達障害に対する関心が高まる一方で，通常学級の少人数制，複数担任制などの整備が多くの学校で十分ではなく，通常学級内で子ども一人ひとりの教育的ニーズにあった支援をすることが難しい状況があると考えられる。また，インクルーシブ教育が学力に価値を置く能力主義教育の維持と相容れない面があることも指摘されている（三好，2009）。

(2) インクルーシブ教育への示唆

インクルーシブ教育では，障害のある子どもと障害のない子どもが，同じ場でともに学び，しかも授業内容が分かって学習活動に参加している実感・達成感をもてるものでなくてはならない。今後，インクルーシブ教育への転換のた

めに，施設・設備の充実や少人数制・複数担任制の整備，教師の専門性を高める研修の充実などが必要であることは間違いない。そのような個別の支援に向けた整備に加えて，学校全体で教師同士，教師と子どもたち，子どもたち同士が支え合い，学び合う体制を作ることが重要である。具体的には，全教員が障害についての知識や情報を共有するための専門家を交えた事例検討会議等を行うことや，担任を複数の教師で支える学校全体での体制作りなどが挙げられるだろう（具体的な実践例については，インクルーシブ教育システム構築支援データベース等をぜひ参照されたい）。その中で積み重ねられる授業内外での教師の対応や声掛けを子どもたちが体験することは，子どもたち自身がお互いについて理解し，学び合うことを促すものと考えられる。そして，このような学校の取り組みを中心として，それを取り巻く家族や地域社会が特別な教育的ニーズについて理解し，相互の人間関係を築くことへの支援も今後行われていく必要があるだろう。

（藤原雪絵）

引用文献

American Psychiatric Association（2013）．*Desk reference to the diagnostic criteria from DSM-5*. Washington, DC: American Psychiatric Publishing.（高橋三郎・大野　裕（監訳）（2014）．DSM-5 精神疾患の分類と診断の手引き　医学書院）

Baron-Cohen, S.（1989）．The autistic child's theory of mind: A case of specific developmental delay. *Jornal of Child Psychology and Psychiatry, 30*, 285-297.

Bråten, S.（1998）．*Intersubjective communication and emotion in early ontogeny*. Cambridge, UK: Cambridge University Press.

中央教育審議会（2005）．特別支援教育を指針するための制度の在り方について（答申）Retrieved from http://www.mext.go.jp/b_menu/shingi/chukyo/chukyo0/toushin/05120801/004.htm（2016年11月10日）

インクルーシブ教育システム構築支援データベース　独立行政法人国立特別支援教育総合研究所 Retrieved from https://inclusive.nise.go.jp/?page_id=13（2016年12月16日）

三好正彦（2009）．特別支援教育とインクルーシブ教育の接点の探究―日本におけるインクルーシブ教育定着の可能性　京都大学人間・環境学，*18*, 27-37.

文部科学省（2004）．発達障害者特別支援法 Retrieved from http://law.e-gov.go.jp/htmldata/H16/H16HO167.html（2016年11月20日）

文部科学省（2014）．平成26年度学校基本調査

文部科学省　学習障害及びこれに類似する学習上の困難を有する児童生徒の指導方法に関

する調査研究協力者会議（1999）．学習障害児に対する指導について（報告）Retrieved from http://www.mext.go.jp/a_menu/shotou/tokubetu/material/002.htm（2016年11月20日）

文部科学省　特別支援教育の推進に関する調査研究協力者会議（2003）．今後の特別支援教育の在り方について（最終報告）Retrieved from http://www.mext.go.jp/b_menu/shingi/chousa/shotou/054/shiryo/attach/1361204.htm（2016年11月20日）

Rothman, H. R., & Cosden, M. (1995). The relationship between self-perception of a learning disability and achievement, self-concept and social support. *Lerning Disability Quarterly, 18*（3），203-212.

杉山登志郎・石井　卓・小久保　勲・村瀬聡美・若子理恵・辻　正憲・長野郁也・井上靖恵・鈴木智絵（1992）．学習障害を主訴として来院した児童128名の診断学的検討　小児の精神と神経，*32*，251-258.

竹山典子・葛西真記子（2008）．日本語ボランティア教員による外国人生徒への支援—日本語支援教室を中心とした心理・社会的支援システムの構築に向けて—　コミュニティ心理学研究，*11*（2），144-161.

上田　敏（2002）．国際障害分類初版（ICIDH）から国際生活機能分類（ICF）へ—改定の経過・趣旨・内容・特徴—　月刊ノーマライゼーション　障害者の福祉　2002年6月号　Retrieved from http://www-dinf.ne-jp/doc/japanese/prdl/jsrd/norma/n251/n251_01-01.html（2016年11月20日）

コラム11　センス・コミュニケーション絵画療法®

　本絵画療法は，センス（五感）を刺激する題材設定で，コミュニケーション（対話）をとおし参加者を描きたくなる衝動へと導くプログラムである。

　幼児・園児，児童，特別支援学級に通う児童・生徒，発達障害の児童・生徒，引きこもりや不登校の児童・生徒，認知症や障害をもつ成人の方々など，9,506名を対象に延べ778回実施してきた（2016年11月30日現在）。五感を刺激し想像力を高め，作品として表現するという創作活動そのものを楽しみ，できる喜びを味わいながらやりがいを感じていくことがねらいである。参加者は創作をとおし，集中力や意欲を高め，人の作品を鑑賞する心を養い，お互いの存在を認め合うようになる。

　本プログラムは，旬の自然物を題材とするが，すぐに描き出すのではない。野菜の「茄子」が題材なら「育つ過程の花や葉」を見せ，「ひまわりの花」ならば「種」を見せる。果物の「ぶどう」であれば1つの房から実をすべて取ってみてその数を数え，大きさや色の違いを比べる。様々な自然物の特徴（形状や性質）を見るだけでなく，触れたり嗅いだり味わってみるなど五感をとおした観察で参加者を描きたくなる衝動に誘う。制作の過程でスタッフは手伝わず，参加者が最後まで自ら描き達成感につなぐ。

　鑑賞会では，参加者は自分の作品について感想を率直に述べ，他者の作品の良い部分を語り合える雰囲気を大切にする。そのために，スタッフは，参加者の描きたい衝動を誘うコミュニケーションの能力を有し，制作中は常にコミュニケーションをとって参加者がどこに感性を発揮しているかを把握することができる存在であることが大切で，また，他の作品との「比較」はしないよう心掛ける。たとえば，単色であっても集中して制作していたら，その頑張りを評価しながら一色でも鮮やかで美しいと伝える。同時に，色は重なると深みがあって素敵だと徐々に多色塗りへ興味をもたせるようにも導く。そうして，参加者一人ひとりの「作品の素晴らしさ，個性」を見つけ参加者に伝えるようにする。

　知的障害や広汎性発達障害の疑いがある児童や園児も，約2年間，参加を継続すると，制作から鑑賞会まで1時間半もの間，歩き回ることなく落ち着いて座って制作し，定型発達の児童と一緒に話を聞くようになっていく。さらには，制作後の作品鑑賞会において，定型発達の児童も発達障害のある児童も互いの作品を褒め合い，自身の作品の努力した部分などを自分の言葉で語り，他者の発表時には落ち着いて聞く姿がみられるようになることもある。制作に参加する多様な園児，児童，生徒たちがともに積極的に取り組めるプログラムを考え，制作者の個性を引き出していきたい。　　　　（半田育子）

パンダアカデミー京都 Retrieved from http://www.biwako-panda.com/

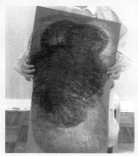

新たまねぎ　2014年5月（4歳10か月）
①：形が描けない，黒を好む。

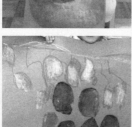

さつま芋　2014年10月（5歳3か月）
②：形がおおまかに描けるようになった。

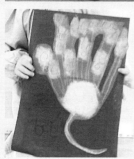

小蕪　2015年6月（5歳10か月）
③：明るい色調へ。葉・実・根の区別が分かる。

ぶなしめじ　2015年11月（6歳4か月）
④：立体的に。手先も器用になりハサミを使って上手に切れるようになる。

初心者 ↑

ハサミの使用

↓ 上達

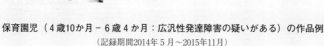

保育園児（4歳10か月－6歳4か月：広汎性発達障害の疑いがある）の作品例
（記録期間2014年5月～2015年11月）

第13章　ケアリングと共感
自己と世界をつなげる学習とは？

1．自己と世界を分離する学習―象牙の塔の住人問題

（1）「他者を理解する」ことは「他者をコントロールする」こと？

　大学のオープンキャンパスに訪れてくれた高校生に「なぜ大学で心理学を学びたいの？」と質問したことがある。答えは「他人の心を理解できる力を身につけたいんです」というものだった。続けて聞いてみた。「どうして他人の心を理解したいの？」「他人の心が理解できたら，喧嘩とか人間関係の悩み事とかがなくなるかなって……」。なるほど，心理学はそうした「他者を理解する力」を身につける学問として期待されている。それでは，その「力」とは何だろうか。

　たとえば文部科学省は，愛国心，確かな学力，コンピテンシー等の様々な「力」を育成すべきであると提言してきた。私たちはそうした「力」を，子どもたちがもったり獲得したりするものとして捉えている。しかし，ここで考えてみたい。子どもたちにとって望ましいとされる能力や性質を個人単位でのみ捉えることは適切なのだろうか。本章では，関係性を視点として，近年のケアリング論からの提案を手がかりに，「個人単位の能力観」の捉え直しを試みていく。「他者を理解する力」は，本当に個人が獲得する／できる力なのだろうか？

　認知科学者である佐伯胖は，従来の心理学実験を中心とする「心」の理論が，他者の「心」をクールに対象化する理論であると批判する（佐伯，2001）。佐伯は，そうした「心」の理論を**「道具的心の理論」**（Instrumental Theory of Mind）と呼ぶ。それは，他人の判断，知覚，感情といったものを「他人事」としてみなし，正確にそれを把握したり操作したりすることを目指すような理

論である。「道具的心の理論」にもとづいて他者を理解する能力を捉えると，それは，子どもたちが他者を思いどおりにコントロールする能力に他ならない。もしも「心」が発達することが他者をコントロールする方法を身につけることであるならば——つまり，喧嘩や悩み事のもととならないように他人を変えてしまうことであるとするならば——その際に想定される自己－他者関係や社会関係は，どれだけ闘争的かつ孤独なものとなるだろうか。

　なぜ，そうした道具的・闘争的な自己－他者関係に繋がるような「道具的心の理論」が生み出されるのだろうか。佐伯はこの点について「実験心理学のパラダイム」が「**個人能力還元主義**」の立場をとるためであると説明する（佐伯，2001）。それは，子どもの知的な能力は「その年齢の子どもの頭の中に潜んでいる要因」によって決定されるとみなす能力観である。その結果として，「自己の能力」と「他者の能力」とは個々に独立したものとして捉えられ，必然的に一方が主体となればもう一方は客体とみなされることになる。まさしく，そうした自己と他者の分離の過程を「**自立**」や「**自律**」へ至る発達の道筋として描いてきたところに，日本の発達心理学，ひいては教育学そのものの特徴の1つがある（下司，2015）。

（2）「教育された人間」になることは「現実世界から離れた人間」になること？

　アメリカの教育哲学者であるマーティン（J. R. Martin）は，伝統的な教育の理論は，「**象牙の塔の住人**」（ivory tower people）を育成する理論であると批判した（Martin, 1981）。学校教育において私たちは，数学や文学，歴史や化学について学ぶ。その理由を考えてみると，「計算ができる」ことや「歴史や文学に関する情報をたくさんもつこと」が「知的」であるとみなすような，暗黙の「**教育された人間像**」（educated man）が浮かび上がってくる（Peters, 1966）。マーティンはこの伝統的な「教育された人間像」には，表13－1が示すような偏りがあると指摘する。

　伝統的な「教育された人間像」がこうした特定の「偏り」をもつ結果として，いわゆる高度な学問を修めた人は，その過程で必然的に世界そのものを客体化して捉えるようになってしまう。マーティンによれば，その変化は世界のあら

表13-1　伝統的な「教育された人間像」の特徴
(Martin, 1981より筆者作成；尾崎, 2010, 2015も参照)

「教育された人間像」がもつ性質	「教育された人間像」から排除されている性質
a. 知識における論理性 b. 筋の通った理解 c. 創造性や直観力を排除した，理論的な傾向	a. 研究以外において言及される，感覚・感情 b. 人に対する気遣い，個人的な関係への関心 c. 感情的な雰囲気を感受する能力 d. 同情性，協力性，細やかな優しさ e. 直観力

ゆることを自分から引き離して他人事として捉えるようになることを意味するという。それはたとえば，絵画を見た際に，作者に関する情報や描かれた年代，技法や美術的価値に関する情報を暗唱できるにもかかわらず，その絵画の魅力を味わったり楽しんだり，それらの過程を他者と分かち合うことができない人間となることである。伝統的な「教育」の文脈のなかでは，そうした人間のあり方が「理性的」「客観的」な態度として奨励されてきたとマーティンは強く警告するのである（Martin, 2002）。

　もしも，子どもたちが教育を受ければ受けるほど，現実世界に対する興味も共感もまったく欠如した人になってしまうとしたら，それほど不幸なことはない。それは，教育や学習をとおして，子どもたちをその人生や文化的実践の傍観者へと変えてしまうことに他ならない。子どもたちが一生懸命勉強した結果として「象牙の塔の住人」として現実から切り離されてしまうのではなく，人生や世界の「当事者」や「参加者」として成長していく……そんな教育を考えるために必要なことは何だろうか。

2．ケアリング論の人間像—関係性にもとづく個人と発達

(1) ピアジェとコールバーグ—伝統的な発達観

　佐伯が指摘する「個人」をベースとした「心の理論」の伝統は，ピアジェ (J. Piaget) が提唱した知の個体発生としての認知発達理論や，それをふまえたコールバーグ (L. Kohlberg) の道徳性の発達理論のなかにもみることができる。コールバーグは，人間の道徳性の発達を「3水準6段階」に分けて描き，その最上位には「普遍的原理」に従って判断できる人間像を置く（表13-2；

第1章も参照)。それは，快・不快といった感覚はもちろん，具体的な人間関係や社会的慣習などのすべての個別性を超えた「普遍的な倫理的諸原理」の存在を前提とし，その妥当性を確信している人間を発達の頂点に置く理論である（コールバーグ＆ヒギンズ　岩佐訳，1987）。

　コールバーグの道徳性の発達理論は，段階性や個別から普遍性へと至る過程の説明として明確性をもち，それゆえに現在の道徳教育の指標の1つになっている。しかしながら，たとえばドイツの社会哲学者であるハーバーマス（J. Habermas）は，コールバーグの理論が認知主義や普遍主義の理論をふまえている点を評価する一方で，一人の人間の成長と社会的な関係性との説明が不明瞭であると批判している（Habermas, 1976）。つまりコールバーグの発達段階は，個人の内部における認知構造の変化を重視するあまりに，具体的な対人関係や社会構造との関係のなかで個人の発達を描き出すことができないというのだ（野平，2005）。ゆえにハーバーマスは，人間の道徳性の発達を，個人のモノローグとしての発達ではなく他者との間のダイアローグ（対話・討議）としての発達と捉える必要性を提唱する（ピアジェ理論については第6章も参照）。

表13-2　コールバーグの道徳性の発達段階 (コールバーグ＆ヒギンズ　岩佐訳，1987より筆者作成)

水準	段階	従う基準	「よい」行動や判断の捉え方
脱・慣習的	6段階	普遍的な倫理的諸原理	他人の権利を侵すことなく普遍的原理にもとづいて行動する 人間の尊厳の尊重が正しさの基準となる
	5段階	社会契約 効用・個人の権利	規則は普遍的な正義の原理に従属する 正しさは人間同士の合意に従うことであり，社会的利益を合理的に判断して法律を変えることが可能
慣習的	4段階	社会システム 法・良心	人間関係は規則に従属するものである 個人の権利や個人の良心の叫びは，組織全体の円滑な機能遂行よりも下位に置かれる
	3段階	対人関係 同調・期待	他人を助けたり喜ばせたりすることはよいことである
前・慣習的	2段階	個人主義 道具的意図・交換	功利的な場面で他者と利害を分かち合う 正しさの基準は「他律的」である
	1段階	快・不快	自分自身の快楽を追求できるようにふるまう

（2）キャロル・ギリガンの「ケア」の倫理

アメリカの心理学者であるギリガン（C. Gilligan）は，コールバーグの道徳性の発達モデルが想定する「倫理性」そのものの転換を目指し，新たに「**ケア」の倫理**（ethics of "care"）を提唱した。ギリガンの「ケア」の倫理にもとづく人間の発達は表13-3のように表すことができる。

ギリガンの「ケア」の倫理の特徴は，道徳性の最上位に，具体的な人間関係に関する事柄を置く点にある。ギリガンの主張はしばしば「女性に特有の倫理」を表したものとしてみなされるが，ここでは，「ケア」の倫理が人間関係や個別性を中心とする新たな価値体系，思考体系，そして人間像を提案している点に注目したい（川本，2005）。たとえばギリガンは，「人を傷つけたくない」ために相手に対して正しい・間違っているということができないとする態度を，単なる道徳上の相対主義とも未発達な状態ともみなさない。ギリガンによれば，それはある道徳的判断は具体的な文脈においては常に限界をもつことを認識している態度であって，より評価できるものとして位置づけられる可能性をもつという。「ケア」の倫理においては，自己の判断と自己以外の判断との衝突によって生じる葛藤や迷いそれ自体が，人間の道徳性の発達において重要な要素である。つまり，「他者の意見を聞いて迷うことができる」という状

表13-3　ギリガンの「ケア」の倫理の発達 (Gilligan, 1982より筆者作成)

3	人間関係の力学を理解する段階	他人と自己との相互の結びつきに対する新しい捉え方をすることによって，自己中心性と責任との間の緊張はほぐれていく 何らかの行動決断をする際に，他人へ配慮するためには「自分自身を関与させること」が重要であると気がついている
	（移行期）	「思いやり」と「従属・自己犠牲」が混同されている状況を整理しようとする 他人への思いやりの中で自分の要求を生かすことの道徳性を問い始める
2	他者への責任・思いやりを優先する段階	善さは「他人に思いやりを示すこと」として捉えられる 「人を傷つける」ということに葛藤が生じる
	（移行期）	自己への思いやりを中心とした判断は自己中心的であると批判される 自分自身の要求より他人の要求を配慮するようになる
1	自己中心的段階	関心は自己に思いやりを示すことに当てられる 他人は臣下としてみなされる

態は1つの達成状態であり、逆に、特定の原理を常に優先するというあり方の方が一種の「思考停止」の状態としてその危険性を指摘されるのである。

　それゆえ、ここでの「ケア」とは、単に相手に対する「心情的な思いやり」や「好意にもとづく特定の種類の行為」にとどまらない。たとえば、倫理学者のメイヤロフ（M. Mayeroff）は「ケア」を他者に対する単なる好意と同一視することを避け、「知識、リズムを変えること、忍耐、正直、信頼、謙遜、希望、勇気」などが含まれるとみなす（Mayeroff, 1971）。また、ギリガンの提唱する「ケア」は、自己と他者を分離した上で他者への配慮や思いやりが必要である、という主張そのものの問題点を指摘する。つまり、「ケア」の倫理は、単に個人の心の中に生じる内容の捉え直しではなく、具体的な他者やその関係性にもとづくより複合的かつ根本的な人間のあり方の捉え直しなのである。

（3）ノディングズの「ケアリング」論

　人間個人や自己の根本的なあり方として「ケア」を捉えるとはどういうことか。アメリカの哲学者であるノディングズ（N. Noddings）は、著書『ケアリング』において「人間存在として、わたしたちは、ケアし、ケアされたいと思っている」と述べる（Noddings, 1984）。ノディングズの想定する人間観では、「ケア」は単なる特定の行為でも補助的な概念でもなく、人間個人や自己の在り方を本来的に特徴づけるものである。ノディングズは、「ケア」を ing 形の「ケアリング」（caring）と表記する。つまり「ケア」は単に特定の固定された行為や性質を意味するものではなく、自己と他者を想定した上で常に現在進行形で変容し発展する関係性（状態）を意味する。それゆえに、ノディングズが規定する「ケアリング」は、個人の内部で独立して発生したり伸長・退化したりすることはありえない。

　ノディングズは、「ケアリング」の関係の成立を、A（ケアする人 the care-for, caring-one）とB（ケアされる人 the cared-for）の間に下のような条件が満たされる関係性（状態）として規定する（Noddings, 2002, p.19一部略）。

1．AがBをケアする
2．Aが1．にもとづくなんらかの行為をする
3．Bが、「AがBをケアしている」ことを認識している。

ノディングズによれば、「BがAのケアを受け取ることが、関係を完成させる」という。当のケアリング関係においては、「ケアする人」と「ケアされる人」とは主体と客体との関係にあるのではなく、「ケアされる人」もまた能動的な存在として想定されるのである。ゆえに「ケアリング」は、「ケアする人」に対して「人に優しくしなければならない」と要請する「美徳としてのケア」（care as virtue）とは大きく異なっている。それは、「ケアする人」個人の内部で生起する何らかの要素や能力に還元されるものではなく、「ケアされる人」との関係性に依拠するのである。

さらに踏み込めば、ノディングズの「ケアリング」論では、「ケア」の行為それ自体が「ケアされる人」に起因する。たとえば、子どもが逆上がりの練習をしているとき、子どもに「逆上がりができるようになりたい（誰か教えて）！」という強烈な思いや願いが生じるだろう。その子どもの傍らの誰かが「ケアする人」となる場合、そこでのケアはまさにこの子ども自身の「ケアされたい」という思いや願いを受け取ることから始まる。ノディングズはこれを「**動機の転移**」（motivational displacement）という「ケアリング」の特徴の1つとして規定する。つまり、「ケアされる人」の要求や動機が、「ケアする人」自身の動機として転移するのである。これに対して、「ケアする人」個人に要請される「美徳としてのケア」では、「ケアする人」が他者を「ケアする」場合の動機・判断・行為はあくまでも「ケアする人」個人の内部に独自に生じる（生じねばならない）。この違いを暫定的に示すと図13-1・2のようになる。図13-1では、「ケアされる人」の内部が空白として描かれる。なぜなら、「いかなる他者にもケアするべきだ」という要請では「ケアされる人（他者）」は

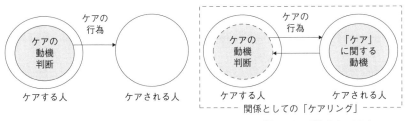

図13-1　美徳としてのケア　　図13-2　「ケアリング」としてのケア

（Noddings, 2002より作成：尾崎, 2016も参照）

完全に客体化された抽象的な存在として想定されるからである。これに対して，図13-2では「ケアされる人」の「ケアに関する動機」が始点となる。つまり，「ケアリング」関係における「ケアされる人」は，当人の個別性や状況性を有する**具体的な他者**として想定される。また，図13-2では便宜上分けて記載しているが，「ケアリング」における「ケアの動機・判断」「ケアの行為」「ケアリングの関係性」は完全に分離されるものではない。「ケアリング」論は，心情としてのケア（優しさや思いやり）が先に存在していてその後にケアの行為がなされる，という心情と行為を分離する見方をも捉え直そうとする理論なのである。

　ここまでみてきたように，コールバーグ理論批判，ギリガンの「ケア」の倫理，ノディングズの「ケアリング」関係はいずれも，「心」の動きは個人の内部にのみ依拠するのではなく，その対象となる他者との関係性にもとづくことを示している。このことは，「心」の動きが，同時に関係性，状況，ひいては身体や感覚の動きでもあることを意味している。このように主張する「心の理論」に接するとき，私たちはあらためて「心はどこにあるのか？」「そもそも心とはあるといえるものなのか？」という人間観そのものの問題として「心」を問うことの必要性と重要性とを認識する。そしてそうした「心の理論」や人間観にもとづくならば，どのような教育や学習を新たに描き，また実践として現実に行うことができるか，という点が次の課題となってくる。最後に，ケアリング論が提案する「学習」の可能性をみていこう。

3．ケアリング論が提案する「学習」

（1）教師と生徒の非対称的な「共働」過程としての「学習」

　ケアリング論が提案する「学習」の第一の特徴は，教師と生徒を「ケアリング」関係として捉える点にある。教師の「教える」（ケアする）動機や行為は，生徒（ケアされる人）から「ケアに関する動機」を受け取ることに始まる。このとき，教師は自らの意図を一方向的に生徒に押しつける存在でもなければ，逆に生徒をそのまま放任しておく存在でもない。教師自らが「教える人」（ケアする人）としての役割を十分に果たすためには，教師が生徒（ケアされる

人)の動機を受け取り,自らがその関係性に入りこんでいくことが必要である。ケアリング論が提案する「教育」や「学習」においては,教師と生徒のいずれか一方が主体となるのではなく,2つの主体が「教える-学ぶ」関係を成立させる。この点を強調すれば,「教育」では教師が主体であり「学習」では生徒が主体であるいう見方も批判の対象となる。なぜなら,その場合でも教師と生徒のいずれか一方が客体とみなされる点において変わりはないからである。

　ここで注意したいのは,この教師と生徒という2つの主体は,まったく同一の立場ではない点である。教師と生徒は「ケアリング」関係を構築する主体同士であり,「教育」「学習」はこの2つの主体の「共働」によって成立し展開する。そして,この「共働」は「非対称性」という特徴をもっている。その「非対称性」は教師がもつ知識や技能の卓越性,教える意図,生徒の成長に対する願いや思いなど,様々に想定することができる。「**正統的周辺参加**」における「十全な参加者」と「新参者」の違いとして想定することも可能である(詳細は第7章を参照)。この「非対称性」があればこそ,「教える」という「ケア」は,単に教師と生徒の間の個人的な閉じた関係性を超えて,特定の卓越性の伸長に向けた営みとなる可能性をもっている。

　こうした教師と生徒の非対称性をもつ「共働」過程は,佐伯の言葉では「文化的実践」と呼ばれる。佐伯は,「文化的実践」における教師と生徒の関係性を「まなざし」として表現し,本章の冒頭で批判した「個人能力還元主義」の立場と対比させて次のように示している(図13-3,4)。

　このとき佐伯は,この「まなざし」(関係性)の捉え直しが,教育・学習に

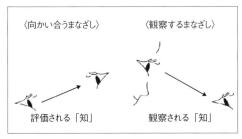

図13-3　「個人能力還元主義」の関係性

図13-4　「文化的実践」の関係性 (佐伯,2007 一部改変)

おいて想定される「知性」の捉え直しであるとする。「文化的実践」における「知性」はその根本に「共感」という働きを置く**共感的知性**（sympathetic intelligence）である。それは，従来の個人にもとづく「教育」や「学習」が常に主観的－客観的という視点から自己と世界を説明してきたのに対して，教師と生徒の「共感」によって立ちあがる「知性」にもとづく新たな「教育」や「学習」に対する見方を提示している。さらには，「共感」を単に情緒的・心情的なものとしてみなして「知性」と分離する見方についても問い直しを求めているのである（第1章も参照）。

(2) 対象と「関係性」を構築する過程としての「学習」

　ケアリング論が提案する「学習」の第二の特徴は，生徒と学習の対象物との関係性を「ケア」として捉える点にある。生徒を「ケアされる人」として想定するとき，その「ケアに関する動機」はどこから生じるのか，という疑問が生まれる。ここで，生徒を学習の対象物に対して「ケアする人」とみなすと，生徒の「学ぶ」（ケアする）動機や行為はその学習の対象物から始まるといえるのである。もちろん，学習の対象物は物質や事柄（いわゆる「事物」）であるから，人間同士の「動機の転移」とまったく同じように考えることはできない。しかしながら，アメリカの知覚心理学者ギブソン（J. J. Gibson）の**「アフォーダンス」理論**（affordance）が示すように，人間をとりまく「事物」や「環境」は，それ自体が私たち人間に意味を働きかけてくる（佐々木，1994）。

　これをケアリング論の視点から一歩進めると，対象物に対する「学習」や「理解」とは，当の対象物から「学びたい・理解したい」（「ケア」したい）という動機・判断の始まりとなる何らかのアフォーダンスを受け取り，その対象物に実際に関与する（「ケア」する）ことをとおして，「ケアリング」関係を構築していく過程として描くことができる。ゆえにノディングズは，「理解」とは本来「取りつかれたかのように主体的に関与」することであり，また「関係の中に巻き込まれる」ことであるとする（Noddings, 1984）。

　ケアリング論が提案する「学習」や「理解」は，自分自身と対象物との間に個別の関係性を作り上げていく過程である。それは，本章の冒頭で取り上げた世界を自分から切り離して「傍観者」や「象牙の塔の住人」となっていく伝統

的な educated person（教育された人間像）の「学習」や「理解」とは対照的である（佐藤，2002；尾崎，2010）。端的に表現すれば，ケアリング論の提案する新たな educated person は，「学習」を通して自己と対象物との間に関係性を構築することができる人物である。そしてそれゆえに，ケアリング論にもとづく教育は，学習者がそれを受ければ受けるほど，学習をすればするほど，自己と世界とのつながりをより深め，よりアクティブ（現在進行形）なものとするプロセスと考えられる。それは，常に変わり続ける自己の獲得と，自分にとって意味ある世界の形成に他ならない。

　もちろん，そうした生徒と学習の対象物との間の関係性は，放っておいて自動的に構築されるものではない。先に挙げた教師と生徒のケアリング関係は，生徒と学習の対象物との間のケアリング関係の基盤を提供したり，促進させたりするものであるといえる。また，教育・学習の場には同じ立場で学習をする友人や後輩・先輩といった存在も想定できる。そうした複合的な「ケアリング」関係によって，学習者が自己と世界を繋げていくことができる教育・学習の場が創り出されるのである。

〈尾崎博美〉

引用文献

下司　晶（編）（2015）．「甘え」と「自律」の教育学　世織書房

Gilligan, C.（1982）. *In a different voice: Psychological theory and women's development.* Cambridge, MA: Harvard University Press.（岩男寿美子（監訳）生田久美子・並木美智子（訳）（1986）．もうひとつの声　川島書店）

Habermas, J.（1976）. *Zur Rekonstruktion des historischen Materialismus.* Frankfurt am Main: Suhrkamp Verlag.（清水多吉（監訳）（2000）．史的唯物論の再構成　法政大学出版局）

川本隆史（2005）．ケアの社会倫理学―医療・看護・介護・教育をつなぐ　有斐閣

コールバーグ，L.・ヒギンズ，A. 岩佐信道（訳）（1987）．道徳性の発達と道徳教育―コールバーグ理論の展開と実践　麗澤大学出版会

Martin, J. R.（1981）. The ideal of the educated person. *Educational Theory, 31*（2），97-109.

Martin, J. R.（1992）. *The schoolhome: Rethinking schools for changing family.* Cambridge, MA: Harvard University Press.（生田久美子（監訳）（2007）．スクールホーム―〈ケア〉する学校　東京大学出版会）

Martin, J. R.（2002）. *Cultural miseducation: In search of a democratic solution.* New

York: Teachers College Press.（生田久美子（監訳）　大岡一亘・奥井現理・尾崎博美（訳）(2008)．カルチュラル・ミスエデュケーション―「文化遺産の伝達」とは何なのか　東北大学出版会）

Mayeroff, M.（1990［1971］）．*On caring*（HarperPerennial paperback ed.）．HarperPerennial.（田村　真・向野宣之（訳）(2005)．ケアの本質―生きることの意味　ゆみる出版）

野平慎二（2005）．道徳授業における公共性意識の形成―J. ハーバーマスとL. コールバーグの比較から　富山大学教育実践総合センター紀要，*6*，1-11.

Noddings, N.（2003（1984））．*Caring: A feminine approach to ethics & moral education*. Berkeley, CA: University of California Press.（立山善康・林　泰成・清水重樹・宮﨑宏志・新　茂之（訳）(1997)．ケアリング：倫理と道徳の教育―女性の観点から　晃洋書房）

Noddings, N.（2002）．*Starting at home*. Berkeley, CA: University of California Press.

尾崎博美（2010）．教育目的としての educated person 概念を問う議論の意義とは何か―J. R. Martin による R. S. Peters 批判の分析を通して　教育哲学研究，*102*，61-78.

尾崎博美（2015）．「ケア」は「自律」を超えるか？―教育目的論からの検討　下司　晶（編）「甘え」と「自律」の教育学（pp.184-208）　世織書房

尾崎博美（2016）．本当に「優しい」とはどういうことか？―「ケア」と「共感」にもとづく倫理性と知性　井藤　元（編著）ワークで学ぶ道徳教育（pp.84-98）　ナカニシヤ出版

Peters, R. S.（1966）．*Ethics and education*. London, UK: George Allen & Unwin.（三好信浩・塚崎　智（訳）(1971)．現代教育の倫理：その基礎的分析　黎明書房）

佐伯　胖（2001）．幼児教育へのいざない―円熟した保育者になるために　東京大学出版会

佐伯　胖（編）(2007)．共感―育ち合う保育のなかで　ミネルヴァ書房

佐々木正人（1994）．アフォーダンス―新しい認知の理論　岩波書店

佐藤　学（2002）．学びの共同体の系譜―フェミニズムのクロスロード　国立女性教育会館研究紀要，*6*，15-25.

コラム12　ホリスティック・アプローチ

　教育におけるホリスティック・アプローチとは，教授・学習過程を個別の要素に分けて捉える要素還元主義に対する批判的観点から，当の過程をより包括的かつ全体的に捉えることを提唱する実践・方法論である。基本的なスタンスとしては，教授・学習過程における関係性や「関わり」が重要だと説明される。ここでは，マーティン（Martin, 1992）の「スクールホーム」（schoolhome，ホームスクールではない）から実践のヒントを得てみよう。

　マーティンはマリア・モンテッソーリの「子どもの家」（Casa dei Bambini）の教育では，「家庭的な雰囲気」や「対象物への没頭」「協同」「雰囲気」「相互依存」「喜び」などが教育や学びの欠かせない要素だという。たとえば「子どもの家」の子どもたちは「夜中に咲いた素晴らしい深紅のバラを囲んで，静かに落着いて，文字通り無言の瞑想に耽っていた」。さらにノーベル賞を受けた生物学者マクリントック（B. McClintock）の「私が細胞を見るときは，細胞のなかへ降りていき，そして周りを見回す」というセリフ。なんだか文学的で，あまりにも心情主義的に思えるかもしれない。しかし，マーティンはこうした子どもたちの全身をとおして没頭する姿や「科学者」の対象への共感に新しい「知性」のあり方を見出すのだ。

　さて，「科学的」な「知性」を育てるためには没頭や共感が必要だ，という主張をどのように感じるだろうか。「なんだか怪しいような……」と感じてしまうのも無理はない。それだけ私たちは，対象となる事物を客観化することが「知性」だとする「教育」の見方になじんでしまっている。しかし，そのような「知性」「科学」「教育」に対する限定的な見方こそが，ひょっとすると「学習」をつまらない，無味乾燥なものへと変えてしまっているのかもしれない。

　このように考えるとき，教師と生徒，学習者と学習対象などの「関わり」を重視するホリスティック・アプローチは魅力的な教授・学習実践を提案してくれるだろう。重要なことは，そうした実践で子どもたちが経験する没頭や楽しさを，「知性」そのものとの関わりとして教師が捉えていく視点である。ホリスティック・アプローチは単に子どもを遊ばせるだけの体験活動ではなく，学校のなかに何か特別なコーナーを作ればよいとする形式的な活動内容の変化でもない。むしろ，「教育」の最も根本的な部分から「関わり」を捉え直していく技量を教師に求め，「教育」のあり方そのものを豊かに変える可能性を開いているのである。

　　　　　　　　　　　　　　　　　　　　　　　　　　　　　　　　　　（尾崎博美）

Miller, J. P. (1993). *The holistic teacher*. Toronto, Ontario: OISE Press.（中川吉晴・吉田敦彦・桜井みどり（訳）（1997）．ホリスティックな教師たち　学習研究社）

Martin, J. R. (1992). *The schoolhome: Rethinking schools for changing family*. Cambridge, MA: Harvard University Press.（生田久美子（監訳）（2007）．スクールホーム―〈ケア〉する学校　東京大学出版会）

事項索引

あ
IEA　111
アイデンティティ　43, 51
　　──拡散　51
アクティブ・ラーニング　17
足場かけ　27, 75
アスペルガー障害　161
遊び　134
「アフォーダンス」理論　180
誤った信念課題　12
アンダーマイニング効果　122
EQ（感情的知能）　89
意志　48
維持リハーサル　67
意図性　92
イメージ図式　134
意欲格差　118
インクルーシブ教育　157
インフォーマル算数　135
ADHD（注意欠陥多動性障害）　162
液量保存課題　20, 33
educated person　→　教育された人間像
OECD　111
オーセンティックな（authentic：真正の）学び　27
「教える－学ぶ」の相補的な関係　92
オルタナティブスクール　165-166

か
外的報酬　122
学業不振　53
学習　59, 178
　　──意欲　112
　　──者自身のアイデンティティの変容の

過程　91
　　──障害　163
　　──性無力感　119
　　──方法, 教授方法の個別化　16
　　──評価　98
試行錯誤──　61
「身体や感覚と結びついた言語」による
　　──　93
為すことによる──　91
確証バイアス　65
学力格差　111
型　94
課題関与的環境　120
学校化された知（学校知）　85
活動理論　77
カリキュラム・マネジメント　99
感覚－運動期　19
感覚統合　160
関係性　115, 171
　　──の欲求　120
看護師　165
観察学習　62
慣習的水準　5
　前──　5
　脱──　5
記憶　66
　作業──　67
　短期──　66
　長期──　66
機械のなかの幽霊　93
規準　99
基準　99
基礎・基本　94
希望　46

基本的信頼　14, 47
基本的不信　47
記銘　66
逆転バイバイ　162
教育された人間像　172, 181
教育支援計画　165
教育相談　166
教育評価　98
共感　14
　　――的知性　14, 180
協同遊び　138
協同学習　23
共同注意　11, 25, 133
均衡　18
銀行型教育　86
勤勉性　50
クーイング　10
具体的操作期　21
具体的な他者　178
ケア　175
　　――される人　176
　　――する人　176
　　「――」の倫理（ethics of "care"）　175
　　――リング　176
　　――論　171
　　美徳としての――　177
形式的操作期　22
計数　30
系統的脱感作法　63
系統発生（科学史）　18
原因帰属　116
言語聴覚士　165
言語の獲得　48
現場の学習　91
行為としての知　94
高機能自閉症　161
交渉　90
向心性　91
構成主義　72
　　――的学習観　101
行動主義　60

行動分析療法　63
国際障害分類（International Classification of Impairments, Disabilities, and Handicaps: ICIDH）　158
「心の理論」　12, 161, 173
個人内評価　100
個人能力還元主義　172
個体発生（認知発達）　18
古典的条件づけ　60
言葉かけ　153
子ども家庭センター（児童相談所）　166
コンピテンシー　107, 112, 144
　　キー・――　144

さ

罪悪感　49
再生　67
再認　67
作業記憶（ワーキングメモリ）　67
作業療法士　165
サラマンカ声明　157
参加　85
三項関係　11, 25, 133
CSCL　75
シェマ　18
自我関与的環境　120
自我の芽生え　48
自己　44
　　――価値動機　117
　　――原因性　118
　　――効力感　121
　　――省察の段階　151
　　――中心性　20, 72
　　――調整　121, 149
　　――学習　150
視線追従　11
自尊心　120
実践共同体における言語行為　91
実践内学習　90
失敗恐怖　115
視点取得　27

自閉症（自閉症スペクトラム障害）　25,
　　160
社会階層　112
社会構成主義　72
社会情動的スキル　140
社会性　3
社会的参照　11
社会的知性　13
社会的微笑　10
十全的参加　91
修得志向　120
自由の相互承認　5
主題化効果　137
主体的な学び　114
守破離　95
循環反応　19
状況性（状況に埋め込まれた性質）　90
状況的学習　90
状況に埋め込まれた学習　90
状況論　72
上達した学習者　151
象徴機能　20
情緒的対象恒常性の獲得　49
衝動性　162
情報処理システム　65
初歩の学習者　151
自立　172
自律　172
　　——性　47, 114, 121
心身二元論　93
新生児微笑　8
新生児模倣　9, 24
真正の評価　101
信頼性　102
心理士　165
心理－社会的発達　44
心理－社会的モラトリアム　51
心理的適応　43
心理判定　166
心理療法　166
遂行コントロールの段階　151

推論　65
　　演繹——　65, 137
　　帰納——　65
数学的等価性　34
スキル　104
スクールカウンセラー　165
スチューデント・アパシー　53
Still-Face（無表情）の実験　9
ストラテジー　104
生活科　86
生活機能と障害の国際分類（International Classification of Functioning, Disability, and Health: ICF）　159
成功願望　115
省察　93
精神間機能　24
精神内機能　24
精緻化リハーサル　67
正統的周辺参加　77, 179
世代性　46
積極性　49
絶対評価　100
宣言的知識　68
前操作期　20
選択的注意　66
想起　66
早期教育　129
象牙の塔の住人　172
双原因性の感覚　123
総合的な学習の時間　86
相互教授法　76
操作　18
相対評価　100
ソーシャルワーカー　165
　　スクール——　165
素朴概念　22, 73

た

第一次反抗期　48
体験　85
第二次性徴　50

第二の分離－個体化　51
タクティクス　104
他者原因性　122
他者理解　8
他者を理解する力　171
多重知能理論　3, 88
TaskとAchievementの関係　94
達成志向　120
達成動機　115
脱中心化　21
脱ゆとり教育　111
多動性　162
妥当性　102
知識詰め込み型教育　85
知性　180
知能　85
　音楽的――　16, 89
　空間的――　16, 89
　言語的――　16, 89
　身体運動的――　16, 89
　対人的――　16, 89
　――指数（IQ）　88
　内省的――　16, 89
　博物学的――　89
　論理数学的――　16, 89
調節　18
直感的思考　20
ディープ・ラーニング　27
TIMSS　111
適応指導教室　165
適性処遇交互作用　16
DeSeCo　111
手続き的知識　68
同一化　50
同化　18
動機づけ　114
　外発的――　122
　内発的――　114, 139, 140
動機の転移　177
道具的心の理論　171
道具的条件づけ　61

到達状態　95
到達度評価　100
道徳教育　3
道徳性　3
読書障害　163
特別支援教育　157
　――コーディネーター　165
特別な教育的ニーズ　164
徒弟制　90
努力　116

な
喃語　10
難読症　163
二項関係　11
二次障害　164
二足歩行　48
ニューカマー　165
認知意味論　134
認知カウンセリング　69
認知行動療法　69
認知主義　65
認知的葛藤　73
認知発達理論　17, 29
認定評価　100

は
パーソナリティ　115
恥・疑惑　47
罰　62
発生的認識論　18, 72
発達障害　160
発達段階　17
発達の最接近領域　23, 74
パフォーマンス評価　101
反射　19
ひきこもり　53, 54
非行　53
PISA　111
非対称性　179
非認知的能力　140

比喩的な表現　92
表象　20, 48
ファシリテーター　27
不注意　162
不登校　53
普遍主義的知識　86
フリースクール（Free School）　166
プログラム学習　64
文化的実践　179
分離教育　158
分離－個体化理論　48
分離不安　48
平穏な青年期　53
ペリー就学前プロジェクト　131
防衛機制　50
報酬　62
保持　66
放任型教育　87
「ポータブル」化された知識　86
ポートフォリオ評価　104
ほほよい（good enough）環境　47

ま
マキャベリ的知性　→　社会的知性
学び　59
　　──に向かう力　140
　　──の個別化　120
　　深い──　→　ディープ・ラーニング
　　主体的・対話的で──　17
ミラーニューロン　25
メタ認知　146

　　──的活動　146
　　──的知識　146
面接相談（カウンセリング）　166
目的　49
物の永続性　19
模倣　23, 92
　　深層──　26
　　表層──　25
　　──学習　62
モラルジレンマ　4

や
有能　50
　　──感　114
ゆとり教育　85
要素還元的知識　86
予見の段階　150
4枚カード問題　137

らわ
ライフサイクル　46
理解　85
理学療法士　165
理想化　50
理知的（intelligence）な状態　93
領域一般性　72
領域固有性　73
ルーブリック　102
劣等感　50
レディネス　33
ワーキングメモリ　→　作業記憶

人名索引

A
Adamson, L. B.　9
秋田喜代美　77, 79, 80
Alibali, M. W.　31
Alloway, T. P.　68
Almon, J.　133
浅川淳司　32, 33
Atkinson, R. C.　68
東　洋　85

B
Baillargeon, R.　12
Bandura, A.　62, 121, 150
Bankston III, C. L.　56
Baron-Cohen, S.　161
Beaudoin-Ryan, L.　39
別府　哲　133
Binet, A.　16
Bloom, B.　99
Blos, P.　51
Bowlby, J.　42
Bransford, J.　106, 110
Bråten, S.　162
Brewer, W. F.　73
Brown, A. L.　75, 77
Bruner, J. S.　75

C
Carey, S.　73
Chi, M. T. A.　73
Church, R. B.　33, 34
Clement, J.　74
Conway, A. R. A.　67
Cook, S. W.　37

C (cont.)
Cosden, M.　164
Covington, M. V.　116, 117
Cox, J. R.　137
Crowder, N. A.　65

D
Deci, E. L.　121
Dewey, J.　97
DiRusso, A. A.　31
Dweck, C. S.　120

E
江間史明　27
遠藤貴広　101
Engeström, Y.　77-80
Erikson, E.　43-47, 49-51

F
Felliti, V. J.　42
Freire, F.　86
Frick, J. E.　9
藤田哲也　63
福田誠治　111
古屋和久　26

G
Gardner, H.　16, 88, 89
Gathercole, S. E.　68
Gelman, R.　73
下司　晶　172
Gibson, J. J.　180
Gilligan, C.　175, 178
Goldin-Meadow, S.　33-40, 134
Goleman, D.　89

Graham, T. A.   31
Griggs, R. A.   137
Gudjons, H.   97

H
Habermas, J.   174
花岡ひさ江   7
羽野ゆつ子   7
橋本美保   97
Hatano, G.   73
Heckman, J. J.   131, 132, 139
Hickmann, M.   75
Higgins, A.   4, 6, 7, 174
広田敬一   31
Howard, V.   94

I
市川伸一   66, 69, 81, 111
生田久美子   39, 92, 94, 183
Illich, I.   85
Inagaki, K.   73
稲垣忠彦   123
Inhelder, B.   18
石井英真   102
石谷真一   53
伊藤崇達   149, 150
岩佐信道   4, 6, 7, 174

J
Jõesaar, H.   115, 120
Johnson, D. W.   75
Johnson, M.   134, 135
Johnson, M. H.   8, 9

K
加登本 仁   78, 79
鹿毛雅治   59, 112, 114
甲斐雄一郎   71
苅谷剛彦   112, 118, 119
葛西真記子   165
川口 潤   137

川本隆史   175
Kilpartrick, W. H.   97
岸 学   102, 103
北村勝朗   92, 94
木暮敦子   102, 103
Kohlberg, L   4-7, 173-175, 178
小嶋英夫   76
河野義章   104, 105
Korthagen, F.   156
向後千春   81
子安増生   21, 141
倉盛美穂子   6
黒澤俊二   152, 153

L
Lakoff, G.   134, 136-139
Lave, J.   76, 77, 90-93
Lepper, M. R.   122

M
Mahler, M.   48, 49
Maier, S. F.   61
Marcon, R. A.   132, 139
Martin, J. R.   172, 173, 183
丸山良平   135
松下佳代   27, 101, 107
Matsuzawa, T.   25
Mayer, S. F.   118
Mayeroff, M.   176
McClelland, D. C.   115
McClintock, B.   183
Meltzoff, A. N.   9, 10, 25, 26
Miller, E.   133
三砂ちづる   86
三好正彦   166
溝上慎一   17
Montessori, M.   183
Moore, M. K.   9, 10
森 美智代   71
守屋誠司   84
村井尚子   156

村井忠政　56
無藤　隆　135
Myowa-Yamakoshi, M.　25

N

中垣　啓　137
中村紘子　137
中田正弘　156
奈須正裕　27
西尾　新　140
野平慎二　174
Noddings, N.　176-178, 180
Nolen, S. B.　121
Núñez, R. E.　136-139

O

Oberman, L. M.　25
大倉加奈子　110
太田直樹　84
岡市廣成　115
Omelich, C. L.　116, 117, 123
Onishi, K. H.　12
尾崎博美　173, 177, 181
小澤周三　85

P

Palincsar, A. S.　75
Pavlov, I. P.　60
Perner, J.　12
Perry, M.　34, 35, 37
Peters, R. S.　172
Piaget, J.　17-19, 21-23, 26, 27, 29, 72, 173
Pine, K. J.　39
Portes, A.　56
Posner, J.　74
Premack, D.　13

R

Ramachandran, V. S.　25
Rizzolatti, G.　25

Rothman, H. R.　164
Rumbaut, R. G.　56
Ryan, R. M.　121
Rychen, D. S.　144, 145
Ryle, G.　94

S

佐伯　胖　59, 76, 90-92, 122, 171-173, 179
櫻井茂男　118
Salganik, L. H.　144, 145
三宮真智子　146-148
佐々木正人　180
佐藤　学　96, 181
Schoenfeld, A. H.　77
Schön, D. A.　93, 94
Schunk, D. H.　150
Seligman, M. E. P.　61, 118, 119
柴崎槇男　31
Shiffrin, R. M.　68
下山晴彦　53
Sinigaglia, C.　25
Skinner, B. F.　61, 65
Smith, R. S.　42
Spelke, E. S.　73
Stern, D.　44, 47, 49
杉村伸一郎　31-33
杉山登志郎　163
鈴木克明　81
鈴木直人　115

T

竹山典子　165
田中智志　97
立田慶裕　145
鑪　幹八郎　43
Thorndike, E. L　61
苫野一徳　5
遠山　啓　30

U

上田　敏　158, 159

植阪友理　69
牛山栄世　122, 123

V

Vosniadou, S.　73
Vygotsky, L. S.　23, 24, 26, 27, 74, 75, 79

W

Wason, P.　137
渡邉眞依子　97
Weiner, B.　116
Wellman, H. M.　73
Wenger, E.　76, 77, 90-93
Werner, E. E.　42

Wertsch, J. V.　75
Wimmer, H.　12
Winicott, D. W.　47
Woodruff, G.　13

Y

山田剛史　100
山名裕子　31, 135
湯澤正通　80

Z

善明宣夫　151
Zhou, M.　56
Zimmerman, B. J.　149, 150

【著者一覧】

■編者
羽野ゆつ子（はの・ゆつこ）
大阪成蹊大学教育学部教授
担当：第1章・第2章・第9章

倉盛美穂子（くらもり・みほこ）
日本女子体育大学体育学部教授
担当：第5章・第6章

梶井芳明（かじい・よしあき）
東京学芸大学教育学部准教授
担当：第8章・第11章・コラム7・コラム10

■章執筆者（五十音順）
尾崎博美（おざき・ひろみ）
東洋英和女学院大学人間科学部准教授
担当：第7章・第13章・コラム12

西尾　新（にしお・あらた）
甲南女子大学人間科学部教授
担当：第3章・第10章・コラム1

藤原雪絵（ふじわら・ゆきえ）
甲南高等学校・中学校カウンセラー，甲南大学人間科学研究所客員特別研究員
担当：第4章・第12章

■コラム執筆者（五十音順）
太田直樹（おおた・なおき）
福山市立大学教育学部准教授
担当：コラム5

鍛治　致（かじ・いたる）
大阪成蹊大学経営学部准教授
担当：コラム3

神田　豊（かんだ・ゆたか）
大津市立中央小学校教諭
担当：コラム9

園田雅春（そのだ・まさはる）
びわこ成蹊スポーツ大学客員教授
担当：コラム8

半田育子（はんだ・いくこ）
アトリエパンダ代表
担当：コラム11

森　美智代（もり・みちよ）
福山市立大学教育学部准教授
担当：コラム4

山口正寛（やまぐち・まさひろ）
大阪教育大学教育学部特任准教授
担当：コラム2

渡邉眞依子（わたなべ・まいこ）
愛知県立大学教育福祉学部准教授
担当：コラム6

あなたと創る教育心理学

新しい教育課題にどう応えるか

2017 年 5 月 20 日　初版第 1 刷発行	(定価はカヴァーに表示してあります)
2023 年 10 月 1 日　初版第 3 刷発行	

編　者　羽野ゆつ子
　　　　倉盛美穂子
　　　　梶井　芳明
発行者　中西　　良
発行所　株式会社ナカニシヤ出版
　　　　〒606-8161 京都市左京区一乗寺木ノ本町 15 番地
　　　　TEL 075-723-0111　FAX 075-723-0095
　　　　http://www.nakanishiya.co.jp/
　　　　郵便振替　01030-0-13128

装幀＝白沢　正
印刷・製本＝亜細亜印刷
Ⓒ 2017 by Y. Hano, M. Kuramori, & Y. Kajii　Printed in Japan.
＊落丁・乱丁本はお取替え致します。
ISBN978-4-7795-1170-7

本書のコピー，スキャン，デジタル化等の無断複製は著作権法上での例外を除き禁じられています。本書を代行業者等の第三者に依頼してスキャンやデジタル化することはたとえ個人や家庭内の利用であっても著作権法上認められておりません。

教育心理学
エッセンシャルズ［第2版］
西村純一・井森澄江 編

教師を志す学生や教育関係者のための教育心理学入門。大好評のテキストを授業に適した15章に再構成し，内容を刷新。待望の第2版！

B5判 180頁 2200円

教育心理学
西口利文・高村和代 編著

学校の教育活動に焦点をあわせ，基本から最新知見まで徹底網羅。学びを深め活かせる便利な予・復習課題付き初学者必携テキスト！

B5判 204頁 2300円

児童生徒理解のための教育心理学
古屋喜美代・関口昌秀・荻野佳代子 編

教育心理学の基礎知識を網羅し例題による導入で実践力も身につく新しい教科書。キーワード，キーパーソンは教員採用試験にも役立つ。

A5判 204頁 2000円

教職のための心理学
藤澤 文 編

発達と教育心理学の内容を中心に，保護者理解や教師の発達，さらに指導案の例示等，基礎から応用まで幅広く学べる教採対応テキスト。

A5判 244頁 2200円

実践をふりかえるための教育心理学
教育心理にまつわる言説を疑う
大久保智生・牧 郁子 編

「子どものため」に子どもが置いていかれている！ 「正しいとされていること」に惑わされず現実に向き合って実践をするためのヒント。

A5判 240頁 2200円

事例から学ぶ児童・生徒への指導と援助［第2版］
庄司一子 監修
杉本希映・五十嵐哲也 編著

教職必携！ 指導援助の基礎理論とそれを使う支援の実際を事例から学ぶ好評テキスト。統計資料や法改正，障害名の変更など，一新！

A5判 224頁 2200円

表示の価格は本体価格です。

発達と教育のための心理学初歩

福沢周亮・都築忠義 編

乳幼児期から青年期までの発達心理学と教育心理学の基礎的内容を，豊富な図表とコラムでビジュアルにも楽しく解説。さらに章末の発展学習が理解を深める。

A5判 216頁 1800円

特別支援教育を学ぶ［第3版］

坂本　裕 編集代表
岐阜大学教育学部特別支援教育研究会 編

制度の概要や障害の基礎をわかりやすくまとめた特別支援教育入門。教員養成段階での特別支援教育の学修の必修化の流れを受けた第3版。

B5判 240頁 2800円

保育のためのやさしい教育心理学

高村和代・安藤史高・小平英志 著

現場で起こりそうな問題などを例示する現場に即した内容で心理学的知見を紹介。親への支援と小学校との連携も視野に入れた入門書。

B5判 112頁 1800円

保育の心理学［第2版］
子どもたちの輝く未来のために

相良順子・村田カズ・大熊光穂・小泉左江子 著

「保育の心理学I，II」の内容を1つにまとめた好評テキストの改訂版。子どもの発達の解説を中心に，事例や章末課題により具体的な保育場面での実践力も培う。写真も豊富で楽しく学べる。

A5判 184頁 1800円

やさしく学ぶ保育の心理学I・II

浜崎隆司・田村隆宏・湯地宏樹 編

保育に関わる心理学を本当に大切な内容にしぼり，基礎知識なく誰でも十分理解できるよう，保育実践の様子も絡めてやさしく丁寧に解説。

B5判 164頁 2300円

保育のための心理学ワークブック

小平英志・田倉さやか 編

保育のための発達心理学や教育心理学の内容を4コママンガと実践ワークで楽しく学ぶ。生き生きした子どもの姿をつかもう！学びを深める課題つき。

B5判 116頁 1800円

保育教諭のための指導計画と教育評価

山本　睦 著

指導計画の作成と評価の方法と工夫を，ワークシートに記入することで感覚的に理解し，身につける。不得意を得意にすると保育が変わる！

A5判 94頁 2000円

幼児・児童の発達心理学

中澤　潤 監修
中道圭人・榎本淳子 編著

幼児期から児童期にかけてヒトは大きく発達する。その発達の進み方・メカニズムを詳しく解説。章末ワークがさらなる理解を深める。

B5判 200頁 2400円

育てる者への発達心理学
関係発達論入門

大倉得史 著

養育者と子どもの関わりを捉えた多彩なエピソード記述が，従来の「能力の発達論」を覆す。子育てについて考える新しい発達心理学への誘い。

A5判 312頁 2800円

ようこそ！青年心理学

宮下一博 監修
松島公望・橋本広信 編

将来への悩み，生きることへの疑問，光と闇にゆれる多彩な青年の想いに，心理学はどうこたえるか？　最新の青年心理学の基礎知識を学び，ワークで自分に向きあおう。

B5判 200頁 2500円

実践的な心理学の学びかた

大橋靖史・神　信人 編

大学での学びに活かせる心理学の基礎・実習・研究・キャリアすべてを網羅。入学から卒業までのスパンで存分に学べる新しいテキスト。

B5判 224頁 2500円

中学生・高校生・大学生のための自己理解ワーク

丹治光浩 著

自分の行動・思考の傾向を知り，未来の可能性を拡げよう！　第1部のグループワークと第2部の質問紙テストで，多面的に自己理解を深める。

B5判 148頁 1600円

表示の価格は本体価格です。